万卷方法®

民族志：
步步深入
Ethnography: Step-by-Step 3Ed

第3版

大卫·M.费特曼（David M. Fetterman） 著

龚建华 译

重庆大学出版社

Ethnography: Step-by-Step, 3rd edition, by David M. Fetterman.
English language edition published by SAGE Publications Inc., A SAGE Publications Company of Thousand Oaks, London, New Delhi, Singapore and Washington D.C., © 2010 by SAGE Publications, Inc.

All rights reserved. No part of this book may be reproduced, stored in a retrieval system, or transmitted in any form or by any means, electronic, mechanical, photocopying, recording, or otherwise, without the prior permission of the publisher. CHINESE SIMPLIFIED language edition published by CHONGQING UNIVERSITY PRESS, Copyright © 2011 by Chongqing University Press.

《民族志:步步深入(第3版)》原书英文版由 Sage 出版公司出版。原书版权属 Sage 出版公司。
本书简体中文版专有出版权由 Sage 出版公司授予重庆大学出版社,未经出版者书面许可,不得以任何形式复制。

版贸核渝字(2011)第 201 号

图书在版编目(CIP)数据

民族志:步步深入:第 3 版/(美)费特曼
(Fetterman, D.M.)著;龚建华译.—重庆:重庆大学
出版社,2013.11(2024.5 重印)
(万卷方法)
书名原文:Ethnography:step by step 3ed
ISBN 978-7-5624-7736-5

Ⅰ.①民… Ⅱ.①费…②龚… Ⅲ.①民族志—研究
方法 Ⅳ.①K18-3

中国版本图书馆 CIP 数据核字(2013)第 223119 号

民族志:步步深入(第 3 版)

大卫·M.费特曼 著
龚建华 译
策划编辑:林佳木
责任编辑:邹 荣 版式设计:林佳木
责任校对:杨育彪 责任印制:张 策

＊

重庆大学出版社出版发行
出版人:陈晓阳
社址:重庆市沙坪坝区大学城西路 21 号
邮编:401331
电话:(023)88617190 88617185(中小学)
传真:(023)88617186 88617166
网址:http://www.cqup.com.cn
邮箱:fxk@cqup.com.cn(营销中心)
全国新华书店经销
重庆长虹印务有限公司印刷

＊

开本:940mm×1360mm 1/32 印张:6.5 字数:181 千
2013 年 11 月第 1 版 2024 年 5 月第 5 次印刷
ISBN 978-7-5624-7736-5 定价:35.00 元

鸣谢

感谢"安妮陶摄影"（Annie Tao Photography）公司在摄影方面的品位，感谢他们将本书中我家人的照片版权转让给我。

感谢"Atlas.ti"公司开发了一款附有示范教程的定性数据分析软件，感谢他们允许本书使用软件的视屏截图。

感谢大卫·内维尔（David Neville）同样优秀的摄影眼光，谢谢他允许本书使用我们在"一个东帕洛阿尔托研究"中我与一个关键角色访谈时的照片。

感谢珍妮·格拉斯（Gene Glass）和桑德拉·格拉斯（Sandra Glass）在数字曲线方面的先导研究，谢谢她允许本书使用她发表在《教育政策分析档案》上的论文"市场和神话：公立学校和私立学校的自治"（Glass，1997，January 6）中的视屏截图。

感谢"超研究"（HyperResearch）公司经由平台开发并广泛共享的定性数据分析软件，谢谢他们允许本书使用软件的视屏截图。

感谢"Zoomerang"公司开发了一款用户易于掌握的在线调查软件并允许本书使用软件的视屏截图。

致谢

　　我应该感谢许多朋友。那些学生、项目参与者、当地居民、管理者、资助者及从澳大利亚到西班牙、从尼泊尔到日本,这些世界各地曾与我在多项研究和各种环境(settings)共事过的同事们,是他们促成了我对民族志究竟是什么这一问题有了自己的理解。他们的经验对这本书贡献良多。

　　同时,我也要感谢那些为我知识进步提供帮助的人们,特别是在教育和医疗人类学方面。我要特别感谢乔治(George)、路易斯 · 斯宾得勒(Louise Spindler)、克利福德 · 伯纳特(Clifford Barnett)和伯特 · 佩尔图(Bert Pelto),是他们帮助我奠定了对民族志理解的基础。

　　本书在许多研究讨论中提到的心理测量帮助是由 G.卡斯滕·托尔玛居(G.Kasten Tallmadge),李 · J.克隆巴赫(Lee J. Cronbach),爱德 · 哈尔特(Ed Haertel),以及莎伦 · 佩里(Sharon perry)提供的。这些同事,以及李 · 舒尔曼(Lee Shulman),乔瑟夫 · 格林伯格(Joseph Greenberg),吉姆 · 吉布斯(Jim Gibbs),罗塞尔林 · 达塔(Loisellin Datta),还有许多其他来自人类学与教育学委员会、美国评估协会、应用人类学协会(society for applied anthropology)、美国教育研究协会的同事和朋友帮助我增进了对田野作业的道德和政策制定的理解。

　　哈里 · 沃尔克特(Harry Wolcott),米歇尔 · 帕顿(Michael Patton),德布拉 · 罗格(Debra Rog),伊莱娜 · 西蒙(Elaine Simon)在本书写作的各个阶段慷慨地提供了他们的意见和建议。他们的意见真是切中要点又实有其效。

　　基恩 · 格拉斯(Gene Glass)成了我的好朋友,并在这一版的完善过程中从概念和编辑角度提供了批评意见。他是一个懂得包括民族志在内的研究在互联网上的效力和前景的同事,他在该领域的见识和对我的协助无人可以比拟。

同样还要感谢另外一些朋友。亚伯拉罕·万德斯曼(Abraham Wandersman)及他的团队组成了关注授权评估的我的中东学习者社团,他们被我的民族志训练和经历深刻影响着。同样,我也要感谢由斯坦福大学医学院的医学教育研究组的学员组成的西海岸社团,特别是尼尔·格森海特(Neil Gesundheit)和珍妮弗·德尔茨(Jennifer Dertz)两位先生,他们帮助我完善了我对于医学教育、评估、定性方法的思考。还要感谢 C.德博拉·劳顿(C.Deborah Laughton)、列奥纳德·比克曼(Leonad Bickman)、莉萨·奎瓦斯·肖(Lisa Cuevas Shaw)以及维基·奈特(Vicki Knight),他们提供了所需的援助和弹性以完成新版修订。

我还要感谢一直鼓励着我的家人——激励我一早起床就努力做到最好,无论是赋闲在家还是工作中。我妻子萨默(Summer)、我女儿莎拉·拉歇尔(Sarah Rachel),以及我儿子大卫(David),他们使我认识到调查、探索和理解中的快乐,他们还让我意识到这个宇宙的唯一永恒所在——变化,理应受到感谢。

审稿人名单

芭芭拉·K.柯里(Barbara K.Curry),特拉华大学

帕特里夏·I.多克梅特(Patricia I.Documét),匹兹堡大学

克劳迪娅·恩格尔(Claudia Engel),斯坦福大学

普丽西拉·福捷(Priscilla Fortier),伊利诺伊大学香槟分校

布鲁克·哈林顿(Brooke Harrington),布朗大学

罗莎琳·哈里斯(Rosaling Harris),肯塔基大学

杰拉尔多·马蒂(Gerardo Marti),大卫森学院

　　大卫·M.费特曼（David M.Fetterman）是费特曼联合公司的总裁和首席执行官，该公司为全世界的团体和客户提供民族志式的评估工作。他同时还是阿肯色大学松崖分校的教育学教授、墨西哥研究生院的合作教授，以及圣何塞州立大学杰出客座教授。也是是阿肯色州评估中心主任。费特曼博士曾在斯坦福大学待了25年，他为斯坦福大学医学院创建了分区评估中心并担任中心主任，他同时还是教育学院的评估中心、职业发展中心以及校友会主任和教育学顾问教授，近十年来，他一直担任教育学院公共政策分析评估中心主任。他还曾为高级行政管理、经营审计以及民族志评估建言献策。他此前曾是加利福尼亚整体研究学院的教授和研究室主任；美国研究学会的首席科学家；以及RMC研究公司的高级助理和项目负责人。他在斯坦福大学获得教育与医学人类学博士学位。他曾在以色列（包括在基布兹集体农场生活）和美国（主要是在全国城市的中心平民区社区）进行田野作业。他的研究领域包括教育评估、民族志及政策分析，并专注于辍学生、天才教育、记者的在职培训、控烟、认证以及医学教育项目。

　　大卫曾是美国人类学协会人类学与教育学理事会以及美国评估协会的主席。他也曾作为项目负责人为这些机构服务。大卫还是美国评估协会合作、参与及授权评估中心联合主席。

　　他曾进行过地方、州和国家层面的意义深远的多点评估研究。他主要在城市进行多点研究工作。他曾为美国教育部的辍学生项目进行了为期 3 年的国家评估。他还进行过有关移民教育、双语教育以及残障人士教育项目的研究。大卫曾为旧金山大学、加利福尼亚大学以及伯克利大学进行过评估。他也曾为斯坦福大学董事会提供过多个评估报告,对象包括斯坦福大学线性加速器中心、斯坦福大学医疗部、医学院、图书馆、环境健康与安全部,以及各种学术和行政部门。他还为斯坦福大学校长对斯坦福教师进修项目进行过评估。

他曾任教于一所城市平民区高中、两所犹太学校以及几所大学的不同院系,他还曾担任过一个反贫困项目的负责人。他因为民族志以及民族志评估进步所做的贡献而享誉世界。然而,近来他却将其研究重心放在发展授权评估上———助人以自助。这是一种深受其民族志训练及专业知识影响的方法,他将其应用于整个美国、澳大利亚、巴西、埃塞俄比亚、芬兰、以色列、日本、墨西哥、尼泊尔、新西兰、南非、西班牙和英国。在美国,大卫已经完成了众多民族志及授权评估,其中包括马林社区基金会的协调健康访问项目,休利特基金会五百万美元的一个东帕洛阿尔托社区振兴项目,伊利诺斯酗酒和药物滥用办事处和伊利诺斯人类服务部心理健康办公室,露西尔帕卡德儿童医院,斯坦福大学医学院,美国土著部落行动组织(包括密歇根的部落理事会以及波特兰、俄勒冈的土著意愿组织),剑桥学院,加利福尼亚整体性研究认证学会以及休利特帕卡德一千五百万美元的数字村庄项目。他还参与了阿肯色州的学业不良学校以及控烟项目的民族志和授权评估工作。

2008 年大卫荣获高等教育专业杰出奖。他被选为美国人类学协会和应用人类学学会会员。大卫获得了颁发给对教育人类学做出突出贡献的学者和从业者的乔治和路易丝·斯平德勒奖以及人类学和教育学委员会颁发的民族志评估奖。他曾因为在民族志教育评估方面做出的成就而荣获了评估研究学会颁发的总统奖。他还曾因为将知识转化为行动而荣获华盛顿实践人类学家协会颁发的出版实践奖。大卫还因为在评估学理论方面做出的杰出贡献和在评估学实践方面做出的累积贡献而分别获得保罗·拉扎斯菲尔德奖和缪尔达尔奖——美国评估协会的最高荣誉奖项。

大卫还曾从事过州、国家及国际的天才教育领域的研究,他在斯坦福大学创立并组织了第一届与第二届天才教育大会。1990 年大卫荣获了门撒国际教育研究基金杰出奖,该基金会一贯鼓励对于智力本质、特性及应用的研究,费特曼的《卓越与平等:对天才教育的一个不同质性角度的观察》(*Excellence and Equality:A Qualitatively Different Perspective on Gifted and Talented Education*)一书及其在《教育评估和政策分析》(*Educational Evaluation and policy Analysis*)与《国际天才教育》(*Gifted Education International*)上发表的有关天才教育的众多文章正是该基金会所认可和推崇的。

费特曼受美国教育部委派参与组成了一个筛选国家天才教育中心的专门小组。他之所以被选中,部分原因是因为其在《卓越与平等》一书中提出的创建国家中心的建议。该中心已经开始运作,作为中心顾问团一员的费特曼,为国家研究中心有关天才教育问题提供意见与建议。费特曼还是努瓦尔学校(一所专为天才儿童设立的革新学校)董事会的一员。

费特曼博士曾为一个在线博士项目在线执教超过 15 年,同样,他在斯坦福大学的教室里进行面对面教学的时间也超过 15 年。他最近将会为阿肯色大学松崖校区提供一组新的在线教学。费特曼博士撰写了有关在线教育和网络视频会议的文章,这些文章发表在《实践人类学》(*Practicing Anthropology*)和《教育研究者》(*Education Researcher*)等期刊上。他负责美国评估协会的合作参与以及授权评估论坛、博客以及合作网站,同时他还负责美国评估协会的合作参与以及授权评估网页和授权评估博客。费特曼博士被任命为美国教育研究协会的电信委员会委员,就该领域问题为协会提供意见及建议。

他还是各类联邦机构、基金会、公司以及学术机构的顾问,其中包括美国教育部、美国国家心理卫生研究所、疾病控制中心、美国农业部、W. K.凯洛格基金会、洛克菲勒基金会、沃尔特·S.约翰逊基金会、安妮·E.凯西基金会、马林社区基金会,休利特基金会、休利特帕卡德慈善会、约翰·S.及杰姆斯·L.奈特基金会、阿肯色州教育部、凯西家庭基金会、兴泰克药厂、南非独立发展信托基金、早期儿童研究所，以及美国和欧洲的众多大学。他同时还为各种外国机构和部门，如日本教育部、巴西卫生部、埃塞俄比亚卫生部、新西兰的 Te Puni Kokiri（毛利人发展部）建言献策。

　　费特曼是 Taylor & Francis Group 出版集团"教育和文化研究"书系的主编。他为众多百科全书的编写做出过贡献，其中包括《国际教育百科全书》（*International Encyclopedia of Education*）、《人类智慧百科全书》（*Encyclopedia of Human Intelligence*）、《评价学百科全书》（*Encyclopedia of Evaluation*），以及《社会科学研究方法百科全书》（*Encyclopedia of Social Science Research Methods*）。他还撰写了一系列著作，包括《实践中的授权评估原则》（*Empowerment Evaluation Principles in Practice*）、《授权评价基础》（*Foundations of Empowerment Evaluation*）、《授权评估：自我评估和问责的知识和工具》（*Empowerment Evaluation：Knowledge and Tools for Self-assessment and Accountability*）、《权力语言的述说：交流、合作与辩护》（*Speaking the Language of Power：Communication，Collaboration，and Advocacy*）、《民族志：步步深入（第一和第二版）》[*Ethnography：Step by Step*（1st and 2nd ed.）]、《教育评估的定性方法：静默的科学变革》（*Qualitative Approaches to Evaluation in Education：The Silent Scientific Revolution*）、《卓越与平等：对天才教育的一个不同质性角度的观察》、《教育评估：理论、实践和政策的民族志》（*Educational Evaluation：Ethnography in Theory，Practice，and Politics*），以及《教育评估的民族志》（*Ethnography in Educational Evaluation*）。

　　本书谨献给萨默（Summer），我的妻子、同事、伙伴、爱人、我儿子的母亲，以及一切的一切。

　　　　　　她，轻舒双臂，拥抱生活。
　　　　　　她，轻声呼吸，世间芬芳。
　　　　　　她，轻轻掬饮，赛博海洋。
　　　　　　她，轻盈哺育，多彩人生。
　　　　　　她，轻易聆听，犹太传统。
　　　　　　她，轻声诉说，家的语言。
　　　　　　她，轻松献礼，呈美日新。
　　　　　　她，轻在于斯，盈世以居。

作者
前言

  作为一个在这个行当干了 30 多年的实践人类学家，我把人类学概念应用于基于日常生活的真实世界的问题之中。这种应用背景彻底影响了我对民族志的讨论。这一倾向也使得我将众多民族志主题缩小到一些核心概念。民族志不是闲暇一日的丛林漫游，而是在社会交往的复杂世界的探索之旅。

  本书介绍了此类旅行中的一条道路。它的目的是让其他研究者享受他们的旅行并抵达目的地。这不只是一本操作手册，也是给实践中的民族志学者的研究指南。如同一次旅行见闻讲座，它标示并探讨了每个民族志学者及潜在的民族志学者即将面临的主要界标。具有讽刺意义的是，在民族志中，迈向目的地通常意味着选择错误道路，随之而来的是死胡同或者绕弯路，有时则是完全迷路。我希望这本书对于初学者而言是有用的指南，对教师而言是一册有启蒙价值的工具书，于经验丰富的民族志学者而言则是令人愉快的知识更新。

  这一版本让我们进入了一个广阔的领域——网络。网络是民族志学者可以利用的最丰富的资源之一。该版本提供了关于利用网络资源的看法，包括组织在线调查、构建基于网络的互助文字处理文件、创建互助网页、视频会议以及访问在线期刊和相关材料。这些基于互联网的工具是当下民族志学者不可或缺的。

  虽说网络功能强大，但也仅仅只是人类工具的延伸而已。只有在价值和概念的指引之下，该工具才能发挥作用。我在我的整个人生当中——包括我对民族志研究的追求以及我的日常生活——都在使用这些民族志概念和工具。我记得许多年前，在我侄子的婚礼上，我向婶婶解释我是干什么的，我告诉她我是个方法论学者,特别是在民族志及人类学评价领域——这就是我对我自己以及我的工作的认识。回想起她的回应却非常具有预见性:"这是否意味着你不再是个犹太人了。"我不得不澄清我的解释,重申我的信仰和文化承诺,抱歉给她造成困惑。然而,对于我的思考和存在方式而言,涵盖了从主位观到价值无涉取向的方法论议题是如此的不可或缺,以至于我当时的答复事实上已准确地反映了我对自己职业身份的认识(参阅Fetterman,2004b)。

日常生活中所践行的诸如尊敬、诚实这些价值观是显而易见的,但是,借之弄清每日生活意义的文化权力、语境、三角测量却不那么明显。运用文化解释以及征询主位的、知情者的看法有助于我对周边人的需求、恐惧和意愿的敏锐感知。这些洞见帮助我弄清交流不畅及适应不良行为的意义。它们还为我提供可选方案,以帮助我应对现实世界的问题。一直以来,民族志就不仅仅是一种方法论,它更是一种生活方式。

大卫·费特曼

目录

1

导　论

千里之行,始于足下。

——老子

　　民族志是在讲述一个可信、严谨而真实的故事,民族志通常借由逐字引用和对事件的"深描"来让人们在其自身背景中发声。该故事通过当地人对自身社区中日常生活的观察来阐述。民族志学者采用文化维度来解释所观察到的行为,并确保这些行为被放置在一个有意义的文化背景中。民族志学者的关注重点在于人们思想及行为的可预测的日常模式。民族志因而同时具有研究方法和通常是写作文本式产物这两种意义。

　　民族志学者因为能对他们所研究的族群或文化始终保持一种开放思维(open in mind)而备受瞩目。当然,这一品格并不意味着不严谨。民族志学者带着开放思维而非脑袋空空进入田野。在田野问第一个问题之前,民族志学者已经有所准备:一个问题,一种理论或方法,一项研究方案,特定的资料收集技术,分析工具和一种特定的写作方式。与其他研究领域的学者一样,民族志学者一开始也会对人们如何行为和思考存在倾向或先入为主的观念。事实上,研究问题、地理区域或人群的选择本身就带有倾向。倾向有着积极和消极两方面的功能。如果控制得当,倾向就能使研究者集中注意力、减少不必要的努力。若没有约束的话,它们就会降低民族志研究的质量。为了减轻倾向的负面影响,民族志学者首先必须明晰自己的倾向。一系列额外的质量控制措施,如三角测量(triangulation)、情境化(contextualization)以及价值无涉的取向,给倾向的负面影响加了一道控制阀。

　　开放的思维也使民族志学者得以发掘那些并未在研究方案中标示出来的丰富而又尚未被使用过的原始资料来源。民族志研究允许在研究中对现实进行多种阐释,以及对资料进行选择性阐释。民族志学者专注于从主位的或者说是内在的视角来理解和描述社会及其文化景观。民族志学者既是说书人又是科学家;民族志的读者越接近从讲述者的角度理解他们的观点,这个故事也就越好,也就越合乎科学。

概　览

　　这一章提供了民族志工作中所涵盖的各个步骤的概述。接下来的章节则就这些步骤进行了细节性的描述。研究过程始于民族志学者选择一个问题或主题以及一种理论或方法来指导这项研究。民族志学者同时还选择基础性或应用性研究方法来描绘和型塑他的工作。然后,研究方案提供一系列基本的在研究中关于做什么和去哪里的指导。田野作业是民族志研究设计的核心所在。在这一领域,基本的人类学概念,资料收集方式、技术,以及分析是"做民族志"的根本要素。选择和使用各种装备——包括"人型仪器"——以使工作更加便利。这一过程通过在民族志工作的各种阶段的分析而变得丰富——在田野笔记中、备忘录中、中期报告中,及大多数引人注目的发表的报告、论文或著作中。

　　后续章节依照逻辑顺序撰写各个步骤,并利用实际案例逐次描述了所有步骤。这种"步步深入"的方法也突出了在民族志工作中计划和组织能力的效用。民族志学者组织得越周密,他那让从田野中收集的资料之山变得有意义的工作也就越容易。如果一个民族志学者有一个组织严密、计划清晰的研究步骤的话，那么仔细评审满是语法错误的记事本，几小时地聆听数字录音，标记、归类成堆的图片和影像，归类在线调查中的交叉数据和各种数据类型就将变得不那么困难了。

然而，事实是，民族志工作并不总是按部就班的。它需要意外发现珍宝的运气、创造力，在对错抉择时做出的正确判断、艰苦的工作，以及老式的幸运。因而，虽然本书提供了一种有条理的结构，但我仍将以实际努力使大家确信民族志研究中也有意外之获——有时是杂乱无章的——以及它那迷人的特性。

在多数研究中，资料收集之后就是分析，而在民族志研究中，分析却是先于或与资料收集同时进行的。民族志学者就是一台人型仪器，在正式的分析之前，他必须对不同类型的资料区别对待，并且在田野作业的每个环节，辨析出不同形态的资料有价值的相关部分。很明显，民族志研究包括所有不同层次的分析。分析是民族志学者从开始进入一项新的项目一直到写作和报告他的发现，持续不断的责任和乐趣所在。 【2】

问 题

民族志研究始于对问题或感兴趣的主题的选择。民族志学者选择的研究问题指引着整个研究过程。一般而言，它塑型着研究设计的框架，包括预算、研究需要使用的工具，甚至研究结果的表述。民族志学者如何解释和定义这一问题通常反映出是基础研究还是应用研究的定位。问题也许还暗示了最合适的研究方法——民族志的、概括论述的或者实验性的。

研究者提出问题——例如，美国少数族裔在获取较高工资和较高地位工作机会时所遭受的不公平待遇的方式可以有很多种。例如，普查方法也许会比民族志方法能更有效地确定美国所有特殊工作中各族裔人的数量。而类似于民族志的描述方法在研究特殊工作机会的不平等是如何产生的这一问题上会更有效,这包括文化价值观如何传达并导致制度上的种族歧视,以及人们是如何看待这种不公平的。确定改善不同种族间的经济差异的政策影响,与描述性方法相结合的一种准实验设计则十分适用。因而,定义研究问题,事实上是对民族志学者想要探索的内容的一种说明。

就其本质而言,问题或者它的定义是对研究付出努力背后的推动力。问题必须领先于研究方式的挑选以免跌入拿着方法去寻找问题的陷阱——这将导致令人沮丧且不精确的结果。

基础研究或应用研究的定位

研究者自身的定位进一步完善了对研究问题的界定。对乱伦禁忌的研究看起来是经典的人类学或者心理学研究。然而在研究者能够决定适当的分类之前,许多详细而明确的问题是必要的。这一分类包括:是基础性的还是应用性的,是人类学的、心理学的还是社会学的等。在这里,确定问题的表述类型的作用之一就是确定研究主题最恰当的分类。

【3】

有关乱伦禁忌的民族志研究会触及有关社会组织和文化惯例及规则的问题。沃尔夫(Wolf,1970)对中国乱伦禁忌的民族志研究是一个基础性研究的经典案例。他的研究肯定了韦斯特马克(Westermarck)有关童年时的亲密交往导致性厌恶的假设,否定了弗洛伊德(Freud)的禁忌强化禁止乱伦行为的观点。这项研究自然是基础性理论工作,没有任何政策的、实际的,或者适时的应用性。

乱伦禁忌研究也可以是应用性的民族志作业。费兰(Phelan,1987)在这方面的研究就是一个很好的例证。费兰研究了在美国社会中乱伦禁忌意味着什么。她发现那些有过乱伦行为的生父对其行为的理解与继父的有着显著差异。例如,生父更易于与他们的孩子们发生关系,因为他们认为这是他们的自我延续。她的研究提出了一个有关乱伦禁忌作用为何的重要问题,该研究还为全国各地的治疗诊所指出治疗方向。沃尔夫(Wolf,1970)对乱伦禁忌问题的基础性研究方法包括长时间的田野作业及成年累月仔细评审家庭和政府记录。费兰的应用性研究方法中田野作业和记录评审都耗时较短。费兰的应用性研究对于直接的实际应用具有更重要的意义,然而,其理论冲击力则小得多。沃尔夫的研究结果对亲属制度理论有着重要意义,却很少或者没有直接的实用意义。基础性研究是由研究者将其概念化并设计规划的,他寻求的资助——通常是捐献——是从某位有兴趣的资助者那里获得,研究成果发表在相关的期刊上。应用性研究通常有合同保障,是对资助者感兴趣的某个主题的全面回应,它的成果是提交给资助者的报告。

抛开这些差异,基础性研究与应用性研究的边界已日趋模糊。许多应用性研究者现在建立了对重大理论课题的研究兴趣,他们寻找那些宣称对计划有着类似兴趣的资助者。并且,他们更加频繁地在相关期刊和学术专集上发表文章——类似于基础性研究者。然而,不同类型研究者之间的传统差别依然存在,而且还就问题及如何表述、研究和写作之间的关系上表现出各自的特色。【4】

理　论

理论是对实践的指导。没有任何一项研究,无论是民族志的还是其他的,可以没有基本理论或方法的指导。无论它是清晰的人类学理论或者模糊的个人研究模式,研究者的理论模式都有助于定义问题和应对问题。

我父亲在教我如何拧紧漏水的龙头时,他在向我演示如何让它停止漏水前先解释了一番热动力学和水压理论的基本法则。尽管相形之下他表现出对理论而非实践更感兴趣,但我却因为这堂课而永远也不会忘记在修理水管之前关紧水。他的哲学方法也帮助我理解各个部分是如何分工合作的。事实上,他提供了一张理论性的路线图,并通过演示设备的各个部分是如何工作的来解释理论。

　　每个人应对问题时在脑海里都有关于事物如何运转的一个或者一系列理论,诀窍在于为手头的任务选择最为恰当的理论。例如,我就认为,在如何指导我安装水龙头方面,一张简单的流程图就比我父亲那高技术含量、详尽的理论性方法更简单(也更节约时间)。然而,流程图在密切父子关系方面并非一个有效工具,部分原因要归结于其"过于有效"了。

　　民族志学者意识到理解认识论原理对于选择方法的重要性。例如,女权主义或后结构主义的认识论就为观察世界提供了一个有效的维度,而这一方式在过去却经常被忽视。他们质疑了我们学术对话中对真理、客观性、合理性等问题的习以为常(或至少让我们避开了"谁的真理?"这一理不清的难题)。民族志研究的典型模式是建立在现象学导向的范式(paradigm)基础之上的。这一范式因承认多重现实而包含多元文化观点。人们依据他们的个体理解而行动,这些行动带来真实后果,因而每个个体看到的主观事实并不比客观上限定和测量的事实要虚假。现象学导向的研究通常都是归纳性的,它们很少做出对相互关系的明确设想。这样一种方法是扎根理论(grounded theory)的根基所在(Glaser & Stauss,1967):暗含于社会文化系统或社区的理论是直接从经验资料发展而来的。

　　实证主义(positivism)范式则与现象学针锋相对。与传统的民族志学者不同,实验心理学者更倾向于采用这种实证主义范式。实证主义假定客观事实的存在,它是典型的演绎法,并对关联性做出预定假设。

　　民族志学者有一大堆可供选择的特殊理论。每种理论都可应用于特定主题,而应用不当时,理论将是无用且具误导性的。解释力薄弱的理论对大多数主题而言都是不合适的,另外曾被驳倒的理论也最好不用。大多数民族志学者都或明或暗地采用两种理论类型即理念论(ideational)和唯物论中的一种。理念论提出:根本性变化是精神活动即思想和观念的结果。唯

【5】

物论则相信物质条件——生态资源、钱，以及各种产品是原初动力。没有哪种方法能够解答所有问题，不同的民族志学者选择两种方法中符合他们学术训练、个性、感兴趣的特殊需要或问题的那种。

认知理论是当下人类学最流行的理念论理论。认知理论假定我们能通过聆听人们的述说来描述他们的想法——这并非不合理的假设。借用民族语义学（ethnosemantic）的技术，我们能够创立人们是如何观察世界的分类学。例如，我们可以从爱斯基摩人那里学习他们关于雪的概念——特别是，他们用相当大的词语种类来区分各种各样的雪，以对应于他们的生活所需。持理念论的研究者从精神起源（即观念、认知图表、信仰及知识）的角度来看待人类世界。人类学中经典的理念论理论包括文化和人格理论（包括心理分析理论），社会语言学（Cazden，1979；Gumperz，1972；Heath，1982）、符号互动论（Blumer，1969），以及民族方法学（Bogdan Taylor，1976；Garfinkel，1967；Mehan，1987；Mehan Wood，1976）。

相反，采用唯物论理论的民族志学者则依照观察到的行为模式来判断一切。历史唯物论或者说新马克思主义是一种有局限的却经典的政治经济唯物论理论。马克思主义理论认定所有的变化都是生产方式和对这些方式进行控制的互动的结果。经济动力、阶级意识、阶级斗争和各种形式的社会组织驱使着社会和文化的变迁。人类学中其他唯物论方法包括技术环境论（Harris，1971）及人文生态学（Geertz，1963；Steward，1955）。

我发觉很多理论都有益于我的一项关于辍学生的国家项目——职业实习计划（Career Intern Program，CIP）的研究。要了解事情的真相，静态的和动态的理论都是必须的。静态的功能主义理论（functionalist theory）（Geertz，1967；Radcliffe-Brown，1952；Vogt，1960），结合静态的均衡模式（equilibrium model）（Gluckman，1968），在设立描述基线（descriptive baseline）时是有用的。结构功能主义使得对学校的结构和功能以及他们与各种

【6】　政府组织及准政府组织的关系描述变得容易。均衡方法使我牢牢地把握住各种事物，好比为了明确画中的每个人所在的位置而让场景瞬间停止。这类理论和方法可以用于为开始观察长时间的变迁划定基线。然而，这些方法，通常被认为是静态的——不足以研究社会文化变迁[1]。

　　变革理论（dynamic theory）（Barnett，1953）是指导这项关于辍学生的 CIP 研究的一种动态理论。这项关于辍学生的实验性项目是一次有争议的变革。该理论帮助我将关于该变革计划的观察分类整理，这些观察包括从错综复杂令人迷惑的介绍到该计划被接受、拒绝、修改或兼而有之的反馈。文化传播论也有助于分析这一项目模式是如何散布到全国各个地区（民族志研究中有关文化传播论的另一例证，请参看 G. Spindler，1955；G. Spindler & Goldschmidt，1952；L. Spindler，1962；Tonkinson，1974）。静态理论在整个项目中提供各种瞬间快照，而动态理论则有助于观察一段时间（较长时期变革过程的一部分）内重要行为模式的变化。

　　理论不必是对构思、假设、命题和概括的精心并置，它们可以是关于世界或其某部分是如何运转的中层（midlevel）理论或个人理论。民族志学者一般不会直言阐述某种宏大理论，因为他们不会自动地赞成某种理论。宏大理论可以是有益的，但许多民族志学者发现这对日常研究需要来说不实用且反应迟钝。通常民族志学者采用与宏大理论间接相关的理论范式来指导他们的研究工作。宏大理论、范式及个人理论会全部并入理念论或者唯物论的阵地——基本的二分法将有助于分析其他研究者的工作和自己所从事的研究。很明显，田野中，各种方法是重叠的，但是大多数研究者甚至在他们开始概念化问题之前就挑选一种从根本上属于理念论或唯物论的理论或范式。

　　理论的选择应当基于它的适应性、操作便利性及解释力。理论的意识形态基础往往蒙蔽而非指引研究者，使得他们在面对从田野收集的资料迷宫时寸步难行。当理论不再是向导时，它也就失去了效用；当资料不再符合理论时，就应该重新寻找

理论(有关民族志研究中的理论的细节探讨,请参看 Bee,
1974;Dorr-Bremme,1985;Petterman,1986b;Harris,1968;Kaplan
Manners,1972;Pitman Dobbert,1986;Simon,1986;Studstill,
1986)。

研究设计:田野作业

研究设计,按照佩尔图(Pelto,1970)的说法:"包括将调查
的基本要素联合起来形成一个有效解决问题的程序。"(p.331)
这通常是一幅理想蓝图或者行车图,帮助民族志学者构思每个
步骤的顺序,以形成知识和理解。设计通常以正式的研究计划
的形式提供给基金的资助者。研究计划将包括背景资料、历史
资料、文献索引、明确的目的、理论基础、方法、重要性以及时间
表和预算(研究计划的许多部分可以被再次利用于一些成果,
例如论文、文章、总结报告和著作)。有效的研究设计会减少不
必要的努力,衔接好理论与方法,指导民族志学者,并确保能找
到合适的资助者。

田野作业是所有民族志研究设计最具特色的要素,这一途
径塑型了民族志所有工作的设计。典型的民族志需要六个月
到两年甚至更长时间的田野作业。田野作业是在自然中探险。
民族志学者从学习基本知识——当地语言、亲属关系、人口普
查资料、历史资料,以及即将被研究数月的文化的基本结构和
功能的综合观察期开始。甚至当民族志学者想通过田野作业
来检验其特定的假设时,也是用归纳法进行资料的收集工作
[参见布里姆和斯派恩(Brim & Spain,1974)关于人类学中检验
理论假设的探讨]。民族志学者的独特做法是提出比研究得出
的具体发现多得多的假设。在这段综合观察或者说熟悉期之
后,民族志学者开始绘制更为清晰的地理和概念边界。在后综
观(postsurvey)阶段,民族志学者确定出重要主题、问题,或者
对该地方或项目的根本性理解的分歧。判断性的取样技术有

【7】

助于更好地理解一个群体是如何思考所研究的系统的。例如,在一项关于研究型图书馆的职员冲突的研究中,我选择了心怀不满的图书馆职员中最能畅所欲言、最善表达的人来解释他们对正在进行的冲突的亚文化理解。随机抽样也许会有助于描绘出图书馆气氛的典型画面,但它也极其可能让我有系统地忽略绝大多数善于生事且过分激动的图书馆员。而那些图书馆员正是我为了理解系统内部的这股汹涌潜流所需要倾听的。

在许多应用性领域,持续而长久的田野作业既不可能也非必需。虽然马林诺夫斯基(Malinowski)坚持,对于异文化持续而长久的田野作业是必不可少的,但对于在本民族文化内进行的研究这似乎是一番大话了。之前提过的 CIP 研究中,我在三年的研究中每几个月就用两个星期时间回访一次现场。这一方法使得我能够采用精深的田野作业,回忆并理解我所观察和记录的资料的意义,接着又重返田野验证我的假设。这一努力能取得成功是因为我能够重复观察其行为模式。在许多应用性研究中,有限的资源决定了研究者在合同的正式截止期内只能采用部分的民族志技术而不是采用完全成熟的民族志方法。

【8】

田野作业最重要的因素是"在那儿"——观察,并询问一些看似愚蠢却是富有洞察力的问题,并且记下你的所见所闻。个体的生活史可以特别详细地说明。一个能言善道的人能提供很多有价值的信息。民族志学者必须在形成通识之前核对、比较,并且对这些奠定认识基础的信息进行三角测量。研究开始之前恰当的组织将使这一过程变得容易,无论研究者采用的是传统的索引卡、卡片盒、清单,还是高科技的资料库、电子传播出版品、文字处理软件,以及大容量的灵活的资料储存器,它们都能使这些资料系统化,并且方便拿取,从而有利于民族志学者在整个研究过程中验证那些分论点。另外,当民族志学者离开田野试图将整体融会贯通的时候,系统化的、便利的资料是弥足珍贵的。在本土做研究时,研究者可以第二次甚至第三次重返田野去验证有无信息遗漏,但是在大多数情况下,重返田野是不可能的。有的是因为被研究的文化距离太远,有的是研究项目不复存在了——这在评估性研究的实证项目中比比皆是。

做出离开田野的决定基于以下几个标准。常见的是研究经费只允许在田野待一定时间,由此设计研究计划的时间表。另外一些情况则要么是资助者需要在预先确定的时间内获得信息,要么是研究者要适应个体或职业规定的截止日期。当然,离开田野的最佳原因是确信资料已经收集充分,研究者能依此令人信服地描述该文化或问题,并且能就此而阐明一些重要问题。不同的研究者对特定的研究发现需要不同层次的信心。没有人能够对研究结论的可靠性抱十足的把握,但民族志学者需要充分收集足够精确的资料来确保对于研究发现的信心以及让他人信服其研究的正确性。建构研究大厦时,细微的描述性错误是可以容忍的,然而,基于特殊个体的访谈所得到的争议性观念则不能放过。最后,报酬递减规律决定民族志学者离开田野的时间。当类似的特定行为方式再三出现时,田野作业者应该更换主题以期进行新的发现和详细探讨。同样地,当概略的描绘一次次地得到证实,也许就是到了该打道回府的时候了。

【9】

正式分析

田野作业结束于研究者离开村庄或地点之际,但民族志仍在继续。一些民族志学者花费和先前他们田野作业同样多的时间来正式分析及再分析他们的资料,写作他们的民族志。如果民族志学者有组织地保存着资料并在田野作业时写作了民族志的一部分,那么正式分析和论文写作将会更有效率。这一过程在应用性研究中比在传统民族志工作中容易很多,因为应用性研究的客户希望有备忘录和中期报告来详细地描述研究发现。这些中期报告是民族志或民族志式的最终报告的初始形式。若留在田野,应用性研究者也可以获得有益的反馈。对该群体或研究项目的描述因为考虑到客户对精确性的要求和民族志学者本身对该项目认识的增加而有所修正。同样地,备忘录可以用来检验研究者对特定关系和身份象征的理解。在一项以医院急诊室为对象的应用性研究中,我在备忘录上描述了不同形式的制服——跟随直升机的护士所穿的和常规急诊室护士所穿的传统服装不同,不一样的制服象征了让常规护士嫉妒的身份地位。我于是总结,这种嫉妒导致了医院工作时间里的摩擦(潜在地影响了对病人的护理)。令人惊讶的是,医院管理者和这两类护士都赞同我的看法。在基础性研究中,我也发现和访谈对象一起写专业论文的草稿非常有效。在以色列的集体农场,我运用这项技巧来验证我对集体农场生活的理解。集体农场成员对我的观察的反应提高了我的描述、洞察和发现的准确性。

然而,在分析的最终阶段,民族志学者必须重新整理所有的笔记、备忘录、中期报告、论文、录音带等资料,以期从无数微小细节和初步结论里描绘出整个体系运作的全貌,这个阶段可以说是民族志研究中最富创造力的。研究者产生构想,并经常做出逻辑性跳跃以形成有用的看法。这些意料之外的看法常常是思维发散和将想法异乎寻常地联系后考虑的结果。当然,研究者必须退一步看看该资料是支持还是反驳这些新观点,但他或她无法仅仅通过线性的、规则性的做法来获得这些观点。常规的辛苦工作为这些时刻打好了基础,但弹性思维和天马行空的联想则是产生这些新观点的催化剂。

【10】

民族志

民族志试图尽可能地涵盖一种文化、亚文化或项目的所有领域,但这必然无法实现。应用性研究中的民族志式的报告一般要比民族志更受限制,因为它更受时间和资金的约束。

无论是报告还是成熟的民族志,成功与否都有赖于它与讲述者及田野中的伙伴的联系的真实程度。读者也许不同意研究者的解释和结论,但他们应该认同这些细节的描述是真实准确的。民族志学者的工作不单单是从主位的或局内人的视角收集信息,还要从客位的或外界的社会科学的视角出发来解释这些资料。民族志学者对整个系统的解释也许不同于田野中的和专业会议上的人们。然而,对事情和环境的基本描述应该和当地人或共事者所熟知的一样(除了说明异常行为或新发现的观念或思想的过程)。

逐字引用对提供一份可信的研究报告非常有用。引用可以让读者衡量工作的质量——民族志学者对田野中的本地人的想法有多了解——以及判定民族志学者是否应用了合适的资料来支持结论。因而,民族志学者必须选择那些符合描述情景及事件特征的原话。运用不具代表性的谈话或者行为来支持个人观点是不科学的,而读者也可能发现这些材料不合逻辑[2]。

使用最适当的方式来传达发现是民族志报告中至关重要但却常常被忽视的一步。民族志或民族志式的报告是呈现结果的常用方法。只要有可能,我经常在我的报告内容中加入图表、插图和电脑操作界面。具有政策性含义内容的民族志研究特别需要精密的多媒体说明来吸引听众。任何一种研究、报告或说明都必须以每个听众最熟悉的语言来表述:学者用学者的方式,官僚以官僚的做法,对大多数美国人就用普通的英语,对研究对象就用他们的主流语言。除非民族志学者用读者熟悉的语言来表达研究发现,否则这些可以启发人的发现将无人了解。就像在研究中要学会说当地人的语言一样,学会说该研究的大多数读者的语言对传递研究发现是至关重要的(参看Fetterman,1987a,1987b)。【11】

民族志可以采用多种文体和格式来撰写。典型的民族志描述族群的历史、所处的地理环境、亲属制度模式、象征、政治、经济体系、教育或社会体系,以及目标文化和主流文化间的连接程度[3]。特定的民族志可能会专注于青年人社会化时的特定要素或者校长等重要人物的作用(Wolcott,1973)。

民族志研究的结果可以通过报刊文章、照片、记录、演说以及各种电子媒体进行传播。然而,著作的形式最能控制民族志作品并维持其品质,其他形式都还只是补充。

民族志报告经常很长但却是吸引人的。应用性研究的资助者往往比较愿意阅读长篇民族志报告而不想看到大量的图表和经常出现在心理测量学中难以解读的统计表。然而,如果民族志太过冗长或写得糟糕的话,除去其他的民族志学者将没人想阅读它。因此,如果民族志想要被人获知的话,易懂的文体和适当的长度是非常重要的。我建议采用一种清晰的、可以让非学术界和不熟悉该文化或研究的人感兴趣且能理解的写作方式。总而言之,有许多写作方式可以吸引和说服读者相信该民族志研究的价值所在。为不同的读者选择恰当的文体时,民族志学者就变成了修辞学家,以寻求给不同人群的有效交流途径(Fetterman,1987b)。

本书安排

本章带领读者走马观花式地游略了本书即将探讨的知识领域,特别是包含了民族志研究中基本步骤的讨论,突出了问题的选择和理论的应用。随后的章节将带领读者一步一步地穿越整个民族志的疆域,一程一程地驻足欣赏并凝思一个又一个概念或技术的价值。

第2章专注于民族志的指导性概念:文化、文化解释、主位观和客位观、价值无涉的取向、不同文化间和文化内的多样性、结构和功能,以及仪式和象征,还有微观的或宏观的方法及操作主义。第3章提出了做民族志所需的特殊的资料收集方法和技巧。讨论的方法和技巧包括田野作业、选择及取样、获准进入、参与观察、访谈(有结构的、半结构的、非正式的及回顾式的)、概括的或笼统性问题、特殊问题(例如结构和属性的问

【12】

题）、开放式及封闭式问题、访谈草案和策略、关键人物或报道
者的访谈、生活史的收集及意义深远的自传性访谈、目录和图
表的应用、问卷调查、投射技术以及各种谨慎的评估。

民族志研究装备的讨论在第 4 章。最重要的装备是人型
仪器——民族志学者，其他常用工具包括笔和笔记本、数字化
录音设备、智能手机、GPS 导航工具、便携式和台式电脑及相关
应用软件、照相机、数码摄像机、电影及数字视频，网络工具包
括网络地图、电话、视频会议技术、在线调查、文件共享、数字图
片文件共享、博客、协同文字处理和电子表格及合作网站。这
些工具方便了民族志工作。它们被用来收集、整理、储存、分析
及呈现资料。

第 5 章探讨民族志中分析所担负的角色。包括讨论看似
简单的思想程序，以及更为耗时、费力的过程，例如三角测量、
思想和行为模式的文件引用以及关键事件的分析。另外，还讨
论了地图、流程图、组织表、矩阵、内容分析、定性数据分析软
件、统计和结晶化。

第 6 章描述民族志写作。写作和分析一样，也包含在民族
志的整个工作过程中。独特的"里程碑"可以突出民族志中写
作的重要性，包括研究计划、田野笔记、备忘录、中期报告、最后
报告、论文和著作。民族志文体的基本要素例如深描（thick
description）、逐字引用（verbatim quotations）、民族志现在时
（ethnographic present）的使用及民族志在场（ethnographic
presence）也会受到检验。该章还讨论了民族志式的报告以及
借助文学技巧和编辑手段提高写作质量。

第 7 章，我们的民族志旅程的最后一步，讨论了伦理道德，
着重于民族志研究中方法和伦理概念的抉择。伦理，就像分析
和写作一样，和民族志学者必经的每一步都有关联。研究中每
个阶段的问题的挑选以及学术型或应用型定位的选择都隐含
了伦理在内——从起意到出版。最基本的伦理标准包括获得
同意（保护个人隐私）、诚实、信任（包括含蓄的和直接的）、互
惠关系和严谨的工作态度。民族志研究中更难以把握的伦理

难题包括犯罪知情和"肮脏之手"。

每一章都承接前面一章——好比小路上一步步地行进。本章有关问题选择和理论作用的讨论将在第 2 章的指引性概念中详细探讨。民族志学者的下一步工作就是熟悉研究工具——无论是方法技巧还是机器设备。如果先前的章节为讨论民族志研究中的分析打下了基础，那么在这一阶段讨论就会变得更有意义。同样地，写作的角色定位在第 6 章讨论，因为写作是整个过程的最后环节之一，而且民族志中写作的意义被扩大到需要一系列的讨论来说明"做民族志"必须做些什么。最后，之所以把伦理道德放在最后讨论是因为需要整个民族志文本就该论题进行一个意义深远的探讨。一步一步地，这些章节提供了一条穿越民族志工作那复杂疆域的路径。新手将可以按章节前进从而对民族志有全盘理解，有经验的民族志学者将发现这些章节独立提供了令人心旷神怡且愉悦的参考要点。

注　释

1　我们可以说拉德克利夫-布朗（Radcliffe-Brown, 1952）的功能主义理论是静态的，而沃格特（Vogt, 1960）和格尔茨（Geertz, 1957）的功能主义是动态的，但与绝大多数传统的动态理论相比，这两种形式的功能主义理论则都属于静态理论。

2　研究者可以选择引用反映政治意识形态或有利他意图的引言。然而，这门课程强调的是原因而非科学。尽心尽责的研究与政治性的拥护之间的界限很狭窄，但一旦研究者跨越了这条界限就会危及研究的品质和尊严。一个好的研究者不会畏于进入政治的竞技场——但那是在完成研究之后。

3　民族志从本质上说是自然地描述。民族学（ethnology）比较并对照文化和文化的要素。民族学把民族志当作原始的资料。民族志和民族学被共同运用来完成一个可理解的人类学研究，需要一般性的文献回顾，资料收集技巧的呈现，描述、解释和彼此关联的讨论。民族志是人类学中的描述工具，可以自成派别或成为其他更大成就的基础。

【14】

2

依着节奏行进:人类学概念

> 聆听到的乐曲是甜美的,但那些未听到的则更美妙;
> 因而,轻柔的笛声啊,请继续演奏吧。
>
> ——约翰·济慈(John Keats)

民族志记载的就是民族志学者在田野的真实作为。这一类的教科书,例如阿噶(Agar,1980,1992),戈亚兹和勒康普特(Goetz,LeCompte,1984),麦库迪、斯波拉德里及姗蒂(MeCurdy,Spradley,Shandy,2004),佩尔图(Pelto,1970)和佩尔图双氏(Pelto & Pelto,1978)的实验性工作;斯波拉德里(Spradley,1979,1980),斯波拉德里和麦库迪(Spradley,MeCurdy,1972,1975),沃纳和斯科普夫勒(Werner,Schoepfle,1987a 1987b),以及许多其他书籍——还有一些讲稿——能够给那些新去田野者以启发,充实那些有经验的民族志学者的所学,然而,实际的田野作业经历则无可替代。一位训练有素的民族志学者能平衡好正式的教育——包括书本的和教室的教导和田野作业的时间。民族志学者如何进行研究就最准确地回答了民族志是什么这个问题。

这一章将介绍一些引领民族志学者如何进行田野作业的重要概念。正如标题所暗示的,这些概念能为田野作业提供适当的节奏和幅度——就好像音乐能帮助旅行者踏着有节奏的、流畅的步伐以加快行进和舒缓紧张情绪一样[有关节奏和步调的讨论,请参看弗莱彻和罗林斯(Fletcher & Rawlins,2002)]。有了经验,这些概念将会自动地引导民族志学者在田野中的策略和行为。这一章通过专注于基本的民族志概念和研究价值的讲述,将有助于那些新手们进行社会交往以便融入他们所研究的文化中。与此相连,第3章则讨论方法和技巧,这些讨论也将有助于传授如何在正确的时间使用正确的工具以应对每项任务。有经验的民族志学者会认可与他们的自我知识相类似的认识。田野作业中的民俗学调查研究和该职业工具的讨论将有助于明确他们的经验、提升他们的技巧。

【15】

文 化

　　文化是应用最广的民族志概念。文化的定义通常要么是唯物论观点的,要么是理念论观点的。对文化的经典的唯物论定义聚焦于行为,在这一观点看来,文化是社会群体可观察的行为方式、习惯及生活方式的总和(Harris,1968,p.16;Murphy & Margolis,1995;O'Reilly,2008;Ross,1980)。对文化最通行的理念论定义是认知论的定义。依据认知论的取向,文化包括思想、信仰以及知识这些表现特定群体人们特征的因素。第二种——目前最流行的——定义明确地将行为排除在外。很明显,民族志学者既需要了解文化行为,又需要知道文化知识以便充分地描述一种文化或亚文化。尽管两种定义都不完备,但都给民族志学者提供了一个接近研究群体的起点和视角。例如,采用认知主义的文化定义会让民族志学者将研究方向定在言语资料——也就是日常谈话上。一个认知民族志学者会询问社会群体成员他们是如何看待他们的现实的,他们的群体内部还有哪些亚分类,以及这些分类特征意指什么。此类认知主义的研究者也许会制造出分类体系以便区别意义的层次和类别。

　　无论是唯物论的还是理念论的定义,在不同时间段全力发掘人群在他们的自然环境中是如何思考和行为的都是有用的。然而定义之后,文化的概念将帮助民族志学者在千头万绪的,且经常是仪式性的行为和思想中找到一种逻辑连贯的方式来表现一个群体的特色。这一概念在跨文化体验之后立即变得意义非凡。对于一个刚进入异文化的学生来说任何事物都是新鲜的。土著人不假思索的态度或习惯对外人而言是那么独特而明显。因此,长时间居住在一个异文化社区能让田野作业者观察占主导地位的思想、价值观以及人们在衣食住行方面的行为方式的影响力。建立了和谐社会关系的个体在社区待的时间越长,对于个体的生活探查得越深,他或她就越有可能理解该文化中微妙而不可冒犯的要素:他们如何祈祷,他们互相之间的感觉,以及他们如何加强他们自己的文化实践从而保持他们的秩序的完整性。有意思的是,在另一文化中生活和工作不但有助于个体客观地看待异文化人们的行为和信仰,而且也有助于个体客观地看待自身文化的行为和信仰。经过一段时间之后,回到自身文化中的民族志学者常常觉得自己像一个生活在异大陆的外来者——而周边的一切又那么的熟悉。这一体验常被称为"文化震撼"。

【16】

　　人类学家探求亚群体或社区的错综复杂性以描述其所有的丰富性和复杂性。在研究这些细节的过程中,他们总是会找出那些使得整个秩序系统运作的潜在力量。这些文化要素能统合或分裂一个群体的价值观或者信仰,但它们往往有共享的焦点。对这些抽象要素在所给文化中扮演的角色的了解能给研究者绘制一幅该文化是如何运作的清晰图画。例如,每种文化都有特定的亲属制度结构及宗教和经济活动。这些文化要素在日复一日地静静地扮演着操纵者的角色——就好像语法规则在语言中的运行一样。文化中的不同亚群体也许会对他们的亲属制度、宗教及经济系统的表层意义有迥异的态度,但是他们通常在更深层面上分享着共同信仰,即文化要素背后的潜意识意象。例如,一对年轻的美国夫妇也许会争论女性在婚后是否采用丈夫的姓氏。事实上他们需要争论的问题显示了一种潜在的亲属制度,即妇女和儿童传统上采用男子的姓氏。因而,尽管双方对他们将来的姓氏意见不一,他们在辩论中却都承认父系传承的亲属制度占据统治地位,而这是一个互相影响的共享焦点所在,也是对传统的共有信仰和行为的潜在承认(有关亲属制度和社会组织的更多讨论,参看 Bohannan & Middleton,1968)[1]。

　　许多人类学家认为民族志的主要贡献是文化的解释。文化的解释包括在社会群体的现实观的框架内描述研究者的所见所闻。文化解释所贡献的经典案例是"使眼色"和"眨眼",二者之间的机械差异并不明显。然而,每个动作的文化背景,每个行为所暗示的人与人之间的关系,以及二者周边的情境,有助于定义和区分这两种意义重大的不同行为。任何一个曾经错把眨眼误会为使眼色(特别是在烟雾缭绕的酒吧)的人都对文化解释的重要性知之甚深(Fetterman,1982a,p.24;Geertz,1973,p.6;Roberts,Byram,Barro,Jordan & Street,2001;Wolcott,1980,pp.57,59)。

　　对于课堂观察而言,采用文化解释至关重要。例如,一项有关市中心平民区教育项目的民族志研究就有这么一个小细节——两个学生正在互看对方的作业,这在传统课堂当中很可能被理解为"作弊",然而,在掌握该校的宗旨以及老师提供的【17】具体说明之后,我们发现,该细节的准确描述是合作(参看图2.1)。

　　文化的解释植根于谨慎收集的民族志资料基础之上。与民族志方法和技巧一样,文化解释及其他各种基本概念型塑着

图 2.1　准确描述为分享与合作而并非作弊的教室活动(左后排的两个学生)

民族志——特别是整体论（holistic）的视角、情境化（Contextualization）及主位观（emic）、客位观（etic）和对现实的价值无涉的取向。

整体论视角

民族志学者在研究中采取一种整体论的视角以描绘社会群体全面而广阔的图景。民族志学者试着尽可能详细地描述一种文化或一个社会群体。这种描述也许包括这个群体的历史、宗教、政治、经济以及环境。没有哪项研究能完整地捕获一种文化或一个群体。整体论的定位促使田野作业者的观察要超越一个暂时的文化图景或文化事件，无论它是发生在教室、医院病房、城市街道，或是华盛顿、纽约、芝加哥的豪华办公室中。每幅图景都存在着多层次且互相关联的关系。【18】

整体论的定位需要大量的田野作业时间去搜集各种资料，以便共同创造出这个社会的整体画卷。它同样需要各种方法和假设来确定该研究已经覆盖了所有角落。理想状态是，这一定位能有助于田野作业者发现所研究的社区或项目中各种系统及次系统之间的相互关系——通常是采取重点搜集情境化资料的做法。

情境化

情境资料让研究者运用更大的视野来观察。例如，在我的CIP研究中（参看第1章），我注意到辍学生计划中的四项有一项进展缓慢。学生们在学校的建筑物外游荡；一些老师有时会缺席几天；其他地方也缺乏对该项计划的热情。单纯列举教室或学校层面事件的表述会得出这是一个无法激励老师和学生的失败计划。然而，当我询问学生他们为何不待在教室时，他们说该计划没有提供开展工作的教学器材——"甚至连纸张都没有"。于是，我通过与教师访谈来探寻热情不足的原因。他们暗示说没有得到任何关于教学器材的资金。在和一个个管理阶层接触之后,最终我把问题回溯到计划的资助者和他的联合监控者或者说管理中介之间的一项争论。管理中介说资助者欠钱并且告诉资助者说除非资金到位否则他们不会为这项"辍学生计划"发放经费。单位间的对立的附带结果影响到了教室,导致该计划事实上的中止。这一信息提供了更广阔的情境,即必须从政策的角度去描述教室。

由这项研究引出的另外一个例子是,政策制定者一直抱怨说要中止一个辍学生项目,因为其过低的参与率——60% ~ 70%。我给出的提示,即与目前60% ~ 70%的参与率相比的是零参与率的底线——这些学生是有规律地逃离学校——帮助政策制定者就该项目做出一个更为深思熟虑的决定。在这个例子中,情境化确保了该项目可以继续为那些前期的辍学生服务(Fetterman,1978a)。

【19】 同样是该项研究,对学校所处的城市内平民区的周边环境——拉皮条、卖淫、纵火、强奸、谋杀等行为司空见惯的贫穷之区(参看图 2.2)——进行一番描述是非常重要的,这将有助于政策制定者明了该社区的这些因素对学生转移其学习兴趣

图 2.2　纽约城市内平民区的周边环境

的影响力。此番描述还提供了一些学校在吸引和挽留学生方面采取有经济盈利措施的观点。因此,情境化为我们提供了有关该学校困境更为准确的描述,让我们避免了犯下谴责这些受害者的庸俗错误(Fetterman,1981b)。

主位观及多重现实

主位观——局内人的或当地人的现实观——是绝大多数民族志研究的核心所在。局内人对事实的理解是明了和准确记述情形与行为的途径。当地人的理解也许并不符合"客观"事实,但他们会帮助田野作业者了解为什么该社会团体的成员如此行事。民族志通常采用现象学定位的研究思路,而这和从简单、线性逻辑的观点出发预设系统如何运作的方式相反。

【20】

主位观迫使你承认和接受多重现实。既有研究中对于理解人们为何以不同的方式思考和行动,证明多重现实的观点是至关重要的。对于现实的不同理解是研究个体的宗教信仰、经济或者政治立场的有效线索,能帮助研究者了解适应不良的行为模式。例如,在一项对某个民间医药团体的研究中,采取主位观和承认多重现实帮助我找出该团体出现如此多的死亡事件的原因。我了解到该团体成员经常依靠草药郎中或者用草药、祈祷、大奖章、蜡烛、雕像、熏香、肥皂、烟雾和金钱来医治疾病。"七大非洲力量(the Seven African Powers)"是这些祈祷、仪式、蜡烛、护身符中最受追捧的一种。"非洲力量"的这七个圣人是禅高(chango)、奥鲁拉(orula)、奥古玛(ogum)、埃拉卦(elegua)、奥巴塔拉(obatala)、耶玛拉(yemalla)和奥纯(ochun)。每个人代表一种特殊力量并以特别的护身符、香草、熏香及油料作为各自的标志(有关宗教教育材料,参看Claremont,1938;Gamache,1942)。

这个民间医药团体对疾病和治疗有着详细的解释,而这与常规的西医的信仰和实践格格不入。但该团体的成员也看西医——这是一种信仰跨越,也是社会化和同化过程的关键所在。其中的一些人认为他们的民间医药已不像过去那样有效了,另一些人只是被子女或朋友劝说着去看医生。后一群人视民间医药为有效而西医为无效。他们去看医生是为了避免与他们的子女争吵或出于对朋友的尊重,他们认为现代医药毫无价值但可能不会对他们造成伤害。他们会感到非常困窘因而不会将他们的民间医疗过程告诉西方医生,而且,许多西医要么不想听那些治疗方法,要么根本就不屑一顾。因为他们处在两种对立的医疗传统的夹缝中,所以该社会团体在接受他们的民间医疗的同时接受医生的处方,以解决这一矛盾。其结果从作用两相抵消到致人死亡都有。两种医疗传统有时会交迭而产生致命结果。民间治疗者使用强剂量草药,包括毛地黄,它有毛地黄苷(一种心脏刺激物),病人又按照西医处方拿了毛地黄苷——最终因过剂量的刺激物而丧命。

这项研究让民间治病者和每个处在亚文化中的医生变得小心翼翼,从而降低了死亡率。它同时也证明了采用主位观和承认多重现实的重要性。然而,在该项研究中,不同的现实(民间治疗者和医生)是对立冲突的,需要采用客位观或者说是局外人的视角以形成有关这一治疗和文化现象的完整图景。

【21】

客位观

客位观是外部的、社会科学的现实观。一些民族志学者专注于主位描述,没有将他们的资料置于客位的或者说科学的视角来认识。他们处于民族志谱系的理念论和现象学的一端。另一些民族志学者倾向于在他们的分析中先从客位观出发处理资料,然后再考虑源自主位的资料。他们处于民族志谱系的唯物论和实证哲学的一端。同时,一场关于人类行为的起因从根本上讲是由意识推动(理念论的,通常定位于主位观)还是由环境推动(唯物论的,通常基于客位观)的争论曾一度使整个领域的研究无所适从。如今,大多数民族志学者仅仅将主位与客位的取向视为连续统一风格中不同分析层次的标志。大多数民族志学者开始搜集材料时采用主位观,然后,尝试既依照当地人观点也依据他们自己的科学分析来弄清楚他们所搜集的资料的意义。正如整个田野作业需要将富有洞察力且细腻的文化解释与严格的资料搜集技巧相结合一样,好的民族志则既需要主位观也需要客位观。

专收辍学生的非传统学校(Alternative School)街对角一栋烧毁的建筑为解答为何必须将主位观与客位观相结合提供了绝佳的例证(参看图 2.3)。从最初的客位观出发,它看上去似乎是由于电线老化之类的原因引发了火灾所致。与学生的有关访谈则显示出另一种主位观点:这是故意纵火的结果,几个学生在房东提高该栋建筑的保额之后被雇佣去"点燃"它。与当地消防部门的访谈(颇具传统权威的另一种主位观)也证实了这些学生的主位看法,让研究者对非传统学校在吸引学生关注方面的"筹码"——特别是在对学生活动和其经济收入的限

图 2.3 城市平民区烧毁的建筑

制方面——有了新认识*。基于这些主位观之上的客位观提供了对有关该栋建筑的故事更为精确的描绘,更重要的是,提供了有关社会环境型塑故事发生的更为精彩的描绘(参看Wolcott.2008a)

我一直将自己的工作立足于对情境和群体的主位理解。成功地取样、记录及表达该视角会花上几个小时、几天、几个月,有时是几年。虽然时间花费了,但此方法确保了我所搜集资料的有效性和有用性。同时,这项工作直到我从田野回来并从主位和客位两种视角弄清楚该情景的意义之后才进行。第3章将讨论许多用来搜集和解释资料的工具。第5章将讨论从
【22】 主位和客位视角分析资料。

价值无涉的取向

民族志中一些概念迫使研究者向新方向开掘,一些概念确保资料的有效性,另一些则只是防止玷污资料。价值无涉的取向在这三个方面对民族志学者都有所帮助。最重要的是,这一概念可防止民族志学者对他们的观察对象做出不恰当的和不必要的价值判断。

价值无涉的取向要求民族志学者延缓对任何给定的文化实践做个人评价。保持价值无涉的取向类似于看电影、歌剧或阅读书籍时保留自己的怀疑态度——唯有读者接受不合常理的或难以置信的情境,作者才能任意挥洒出极其迷人的故事。

我在西奈沙漠与贝多因人相处的经历提供了一个有关这个概念性方针的有用例证。在我与贝多因人共同生活的时候,我试着在我的交流与写作中尽量避免表现出我的西方卫生习惯和一夫一妻制偏见。我说"试着"是因为我对我最初的一个熟人,
【23】 一个有着厚糙脸皮和双脚的贝多因人的反应就远非中立的。我很惊讶,也很羡慕他的生存能力和对荒芜环境的适应能力——

---

* 根据前文所述,这些在贫穷地区的非传统学校所处的社会环境是非常糟糕的,因此他们为了留住学生,不惜放宽了对学生在校期间活动和经济收入的管理。这导致了学生为了"赚钱",受雇去烧毁了那栋建筑。——译者注

穿越沙漠,从一口水井移居到另一口水井。然而,我对他长袍的气味(特别是骑过骆驼之后)的身体反应却多少带点排斥。他把他的外套借给我使我免于高热。当然,我感谢他,因为我感激他的举动并且不想侮辱他,因此我接受了他的外套。尽管在当天余下的时间中,我闻上去就像只沙漠干燥的热浪中的骆驼。我本以为我并不需要外套,因为我们离终点圣凯瑟琳修道院只有一两千米远而已,但这段短途旅程却总不到头——爬上布满岩石的小路,翻过干涸的河床和山谷。后来我意识到没有他的外套我早就中暑了。沙漠的热浪是如此干燥,以至于汗刚排出就被蒸发了,一个没有经验的旅行者是意识不到气温已经超过华氏 130 度了。外套能通过减缓蒸发速度来帮助我保持水分。如果我拒绝接受他的外套——贝多因人的卫生习惯,我一定会被烤焦的,我永远也无法理解他们的生活对水——沙漠最珍贵的资源,有多大程度的依赖。我们表面上迂回的行程其实是沿着隐藏着水源的路线行进,而不是去修道院的直线路程。

关于这点,说穿了,只是要求民族志学者必须尝试在看待异文化时不要对不熟悉的习俗做价值判断,但又不能完全中立。我们都是自身文化的产物。我们有个人信仰、偏见及个人的品位。社会化已深植人心。然而,民族志学者能对非常明显的偏见保持警惕,使它们外在化并且尝试公正地看待异文化习俗。种族主义行为——将一种文化的价值和标准强加于另一种文化,认定前者优越于后者——对民族志而言是致命的谬误。

文化间和文化内的多样性

民族志的一种危险是它有可能制造有关一个群体、亚文化或者文化的刻板印象。民族志学者必须缩小和明确一个被观察的世界以绘制社区的清晰图景。大多数民族志冗长而细致,但它们通常仅代表民族志学者所见所闻的一小部分。整体的、情境的、主位的、客位的和价值无涉的概念需要民族志学者提炼所

【24】　有的信息、见闻、访谈、理论及在田野作业中出现过的方式，以便呈现一个文化的本质。

　　这些概念同时具有限制性和开放性。它们将人的认知天分发挥到了极致，使得民族志学者能用新的眼光去看待熟悉的事情并注意到先前被忽略的行为与常规的细节。同时，这些压力型塑着民族志学者的每个步骤，就好像天气及岩石的轮廓等自然因素型塑着攀岩者的每个步骤一样。攀岩者必须全神贯注，搜寻能攀附的裂缝和能爬上岩石的最佳着力点。陡峭的深坑、偶遇的狂风以及岩石的起伏都引导和限制着攀登者登峰的步骤。同样地，田野作业者必须把握住整个田野作业中透露出的所有言行并开辟出研究道路。这些概念型塑着资料的搜集和分析，而且它们帮助研究者在描绘大图景时既不被细节所淹没又不会遗漏关键的微妙差异。

　　文化间和文化内的多样性概念在此特别有用。文化间的多样性指的是两种文化间的不同，而文化内的多样性指的是同一文化内部亚文化之间的不同。文化间差异比较容易察觉。对两种不同文化的描述进行要素的逐一比较——它们的政治、宗教、经济、亲属制度及社会生态系统和其他相关维度。然而，文化内差异则相对容易被忽视。我在描述一所内城区学校（我曾作为教师和研究者在此待过）时，先试着略过了对许多周边环境的多元性的讨论。社区的朋友们看过我的草案后的评论让我意识到我的描述过于简单。我描述了破败的建筑物、街上的酒鬼、瘾君子、工厂似的学校以及犯罪行为。但我没有提及那部分正试着恢复城区生气的少数人群体，他们人虽然少，却很积极。一些房子新漆过了，一个新组建的家长联合会正尝试处理青少年违法问题，一个社区俱乐部正在组建中。我遗漏了人群中很重要的一部分人。这些人人数虽少，但他们对该社区有着一定的影响。没有哪个群体是完全同质的，在我一心一意连接整个大图景，并使其概念化的同时，却疏忽了要注意和考量其中的差异性，也就是文化内的多样性。因而，我的大图景是不完整的。经过修改之后，我们的报告更加均衡，也使得这个大图景更加可靠，且更为完整。

　　我们将用这些概念逐一核对我们的观察结果。它们帮助田野作业者察觉到差异,那些差异可能使一些有关在田野中观察到的事件的人为理论或假设变得无效。许多时候,这些差异都在系统模式化活动的变化范围内,这会促使田野作业者重新调整研究重心,丢弃那些陈腐且不合适的理论、范式、假定和设想,修改对最终之谜的想象。另一些时候,差异是特殊的,但在强调其他主要方式时又是有用的——特例证明规则。然而,大多数时候,那些差异有益于认识该社区尚未受到足够重视的层次和范围。

【25】

　　市中心平民区的住房提供了文化内多样性的一个例证。我们当时正在研究的城市平民区的绝大多数住宅都年久失修,许多房子被当地帮派的涂鸦标记,而且整个街区都在瓦砾之中(参看图 2.2)。考虑到周边房屋的情形,这其实是"标准化"的状态。然而,也有些家庭在尝试着提升该片区的品质,他们"没有光说不练",正在粉刷修缮着他们的家(参看图 2.4)。尽管这些人确定无疑是少数派,但他们却代表了该社区的一个传递希望信号的特殊群体。这就是文化内多样性的一个例证(有关定性研究中文化内多样性的更多例证,参看 Marcus,1998,p.65)。

图 2.4　该区域房子所呈现出的文化内多样性例证

结构和功能

结构和功能是指导社会组织研究的传统概念。结构在这里指的是社会结构或者群体的型态,例如亲属制度或政治结构。功能指的是群体成员间的社会关系。大多数群体都有一个可以确认的内部结构和一系列确定的社会关系以便规范行为。例如,一个企业一般会有一张正式的组织图表来描述公司的等级结构和各个部门。一张企业的组织图表代表了该公司的理想化形象,对民族志学者研究企业文化而言这是个有用的起点。该图表自身就是这个组织的类型的一种表述。然而,民族志学者的工作需要更为敏锐地探询那些统治该企业的非正式的脉络和势力。民族志学者必须描述一个组织的潜在结构从而理解它的内部运作。这一过程好比发现和厘清语言的表层与深层含义。民族志学者同时必须描述组织的一个部分与另一部分之间的功能性关系以解释该社会文化系统是如何运转的。

与企业不同的是,大多数文化和亚文化极少有明确的组织图表来详述它们的结构、功能性关系及内部联系。但即便是城市里的流氓团伙也有可观察的方式:在记录下团伙内部的及不同团伙之间的火拼以及各种经济交易之后,都市民族志学者了解了该团伙的头目、帮派成员表示忠诚的方式以及其他功能性关系。偷盗财物的团伙成员与那些保管赃物的成员之间的功能性关系对团伙的经济生存是至关重要的。与此相似的是,因同仇敌忾而产生的忠诚超越了团伙内部在交易上的争吵,这也是显而易见的[参看埃文思—普理查德(Evans-Pritchard,1940)对裂变群体的连接所做的详细讨论,以及凯瑟(Keiser,1969)关于城内帮派的讨论]。

民族志学者使用结构和功能的概念来指导他们的调查。他们从被研究群体中汲取信息以建构结构的骨架并穿以社会功能之线——填充骨架的肌肉、肉体和神经。对一个系统内在结构的详细了解为民族志学者提供了一个坚实的基础和框架以建构民族志描述[2]。

象征和仪式

民族志学者寻找能帮助他们理解和描述某文化的象征。象征是意义的浓缩性表现,可以唤起强烈的感觉和思考。一个十字架或者烛台*代表一个完整的宗教,而一个纳粹党的"卐"字符则代表了一场运动——原纳粹运动或者众多新纳粹运动的一种。旗帜则代表整个国家,用以唤起爱国热情和为国效忠的感情。 【27】

但是,象征并不仅仅受限于国家、大规模组织和运动,它们是日常生活的组成部分。学校选择吉祥物来体现学校精神。社交团体或学术团体的成员佩戴胸针以标显自己。象征可能意味着一个社区的历史影响力。例如,一栋布满涂鸦、玻璃尽毁的房子上嵌有一颗犹太星(Jewish star)或是大卫星**,(还有雕刻了希伯来文字的石头)标志着一种正统的犹太社区的历史存在(参看图2.5)。这一过往的象征提供了对有关横亘在社区内年轻的非洲裔美国人和年迈的正统犹太人之间现存的紧张关系根源的一些深刻理解(参看 Abramovitch & Galvin,2002,p.252)。象征为民族志学者提供了对文化的理解以及进一步探讨不同文化信仰和习俗的工具。象征经常是仪式的一部分。

仪式是重复的象征性行为方式,它在宗教生活和日常生活中都起作用。在 CIP 学校中,管理者、教师和学生每个月都会有一天穿着特别的校园 T 恤衫。这件 T 恤衫代表的是该项目中合作、努力工作、友谊、成就和受教育机会的价值观。

作为象征,辍学生的 T 恤衫在每个月特殊的一天都会被穿上。这一天是一个安排好的仪式,学生们会收到特殊的奖品以强化特定的积极行为 —— 例如,对最佳出勤者或者出勤率提高

---

* 犹太宗教仪式所用。——译者注
** Star of David,又称六芒星、大卫之星,是犹太教和犹太文化的标志。——译者注

图 2.5　城市平民区一所布满涂鸦的犹太学校

最大的人进行奖励。项目中的每个人,包括校长,在这个固定的仪式中都穿着这件象征性的 T 恤衫。这一仪式既有助于加强该团体的凝聚力或家庭感,又奖赏了良好行为(至于其他例证,参看 Burnett,1976)。

　　仪式也存在于商业组织和机构中。在对一家大学医院的研究中,我发现一个管理者每个月检查预算和开支申请。她会核对每条项目以查看是否每笔费用都有收据。她的做法就是仪式性行为。但在这个案例中,仪式内容是空泛的,丧失了所有意义。该管理者核对每笔开支的收据是否有效却从不核对这些花费本身是否合适。仪式给她和医院一个错误的安全感,并让人觉得尽管医院快速扩张和愈趋复杂,但医院对财务的严格管理仍行之有效(Fetterman,1986E)。

　　民族志学者视象征和仪式为某种形式的文化速记。象征开启了初始理解和明确文化的关键知识的大门。同时,通过提供一个分类的框架,它们帮助民族志学者理解他们的所见所闻(Dolgin,Kemnitzer,& Schneider,1977;Swatos,1998,p.505)。

微观与宏观的研究

这些民族志工作概念并非在真空中应用。民族志学者的定位是由研究的范围所决定的,而这些边界是由研究本身蕴生出来,但是一些基本参数在开始研究时就能设立。

一个民族志学者的理论部署和问题选择将决定采取微观研究还是宏观研究。微观研究,就好像是在显微镜下,对一个小社会单位或其中的明确活动的特写式观察。有代表性的是,民族方法学家或符号互动论者将会采用微观分析。例如,埃里克松(Erickson,1976)对门卫的研究就包括重新观看访谈时的录像以研究顾问传递给委托人的微妙信号。

【29】

人类学内部的空间关系学和体态学领域也涉及微观研究。空间关系学是研究社会里人们的物理距离是如何因社会环境的不同而变化的(Barfield,1997;Birdwhistell,1970)。例如,除非在曲棍球比赛时发生了意外或者在重金属摇滚音乐会上,否则一个陌生人在离你三英寸远的地方大声说着不干不净的话,就明显违背着美国人对适当距离的感觉(Hall,1974)。体态学是对肢体语言的研究(Birdwhistell,1970;Psathas,1994,p.5)。一个摩托车司机对把他挤到路旁的汽车驾驶员"比中指"就是在传递一个清楚的社会信息并分享文化交流的某种形式,或者说明确点,肢体语言(Birdwhistell,1970)。

在 CIP 研究中,我做了一项对教室行为的微观研究。我拍了一系列老师和学生短暂相遇的照片。每十分钟,我就在三十秒内拍好十张照片。在许多生动的文化场景中,有一幅背景是老师要求检查某位学生前一天晚上的作业,而其他学生则继续自己的事情。该学生没有做作业并且不想去见老师。老师知道这个学生没有完成作业,他也知道该生那个月没有完成其他作业。照片记录了该生极不情愿地强打着精神与老师穷耗。在一阵长吁短叹之后,他深吸了一口气,慢慢地从座位上起身走向老师的办公桌。老师——对这个特别的学生已经感到厌倦并真的没有兴趣——脸上显现出虚假的兴趣。照片记录了两者之间的紧张气氛,会面发展到一个短暂的互相咆哮后平息下来,最后以平局结束:两个"斗士"返回他们的休息角等待下一回合。这个特别场景仅持续了不到一分钟。这种微观式的记录本身就能构成研究,或者正如这个案例一样能彰显研究的某个部分。

　　舒尔兹和弗洛里奥(Shultz & Florio,1979)提供了对整个教室进行微观研究的有用案例。他们论证了老师是如何使用社会的和物理的空间来编排教室活动的。他们在两年内搜集了70 小时的教室活动的录像带。第二年的研究还包括对教室的观察以获悉对录像带的解释。沃尔科特(Wolcott,1973)的《校长办公室的那个人》(*The Man in the Principal's Office*)则聚焦于学校系统中那独一无二的职位(没有录像带),这代表了一种引人入胜的微观民族志(Basham & DeGroot,1977,p. 428;Wolcott,1982,p.90)。

　　宏观研究重视大的图景。在人类学里面,大图景可以涵盖小到一个学校大到整个世界范围的系统。代表性的民族志专注于一个社区或者特别的社会文化系统。斯宾德勒(Spindler)的系列文章——《文化人类学的案例研究》(*Case Studies in Cultural Anthropology*)——为同时代的民族志提供了一些绝佳范本。它们包括雅诺马人研究(Chagnon,1977),丁卡人研究(Deng,1972),阿门宗派研究(Hostetler & Huntington,1971),哈特派信徒研究(Hosterler & Huntington,2002),提乌人研究(澳大利亚土著;Hart & Pilling,1979),纳瓦霍人研究(Downs,1972),黑足人 * 研究(McFee,1972),克鲁人研究(Daner,1976),甚至包括退休团体研究(Jacobs,1974)。该系列中一些最好的教育民族志包括对印第安儿童的寄宿制学校的研究(King,1967)和哈莱姆区(纽约的黑人住宅区)一所小学的研究(Rosenfeld,1971)。每项研究都试图描述整个文化群体——它的生活方式和社会文化系统。很明显,一个研究者无论是采用微观研究还是宏观研究都能将该研究的发现与另一个影响它的更大的系统联系起来[参看奥格布(Ogbu,1978)有关多层

【30】

---

　　* 北美印第安人中的一个种族,居住于落基山脉以东。——译者注

次民族志的成功案例〕。然而,细致入微的微观研究和广泛研究——例如研究整个美国之间的联合是比较困难的。实际上,对大多数宏观研究进行归纳就很困难。无论是微观层面的还是宏观层面的民族志工作都包括细致的描述。采用微观或者宏观研究一定程度上是由民族志学者的才能或倾向所决定的。一些民族志学者更善于对事件或部分事件进行逐次画面的细致分析。另一些民族志学者则对大范围可见的相互关系更感兴趣。微观研究需要与宏观研究一样长的时间,但一个采用微观研究的民族志学者可能在社会事件的某个方面花费的时间与另一个研究者对十个社会场景内的二十个不同人的宏观研究所花费的时间相当。选择微观研究还是宏观研究受制于研究者想要知道什么和该研究所包含的理论以及研究者是如何定义研究问题的。

操作主义

　　田野作业中一个更值得关注的概念是操作主义。一旦讨论操作主义,就会发现在民族志内,操作主义不仅是一种趋势,而且有其存在的必要性。简而言之,操作主义就意味着定义测量的方法和词汇(Anderson,1996,p.19)。出于简单的描述性理由,说"一些人这样说而另一些人那样说"也许不存在问题。但在事实和理论或"事实"的解释之间建立意义联系需要更多明确性的说明。例如,这一陈述,"当教室里有过多的学生时会导致敌对情绪上升",有可能是完全正确的观察结果。但它却引发了一些问题:什么东西构成敌对情绪? 敌对情绪的上升是如何测量的? 一个教室里多少学生才是过多了? 在一个更为简单的层面来说,以"他们中的一些人相信"开头的句子是很平常的。更为精确的做法——准确标明消息来源和他们表明"信心"时的准确的个人状态,并不困难而且传递了更多的信息,也使得其更具可信性和真实性。操作主义检验我们并迫使我们要对自己诚实。民族志学者应该尽可能地量化或者确定民族志观点的消息来源,而不是武断地下结论。说清楚自己是

【31】

如何得出结论的，会提供给其他研究者一些具体而有用的东西和可供证明或反驳的观点。想要所有事情都是可操作化的是不可能的——你做的民族志工作前人从未干过。但我们可以做很多事情来提升记录及报告的精确性。

许多民族志概念有助于解释民族志究竟是什么和指导一个民族志学者进行研究。这一章讨论了一些最重要的本专业概念，我们从一些总体概念例如文化、整体性定位以及情境化入手，接着又逐渐转向更狭义的概念——文化间和文化内的多样性、结构和功能、象征和仪式，以及操作主义。第3章将详述从这些概念引发出的民族志方法和技术，那些方法和技术将帮助研究者完成民族志。

注　释

1　与社会学家通常关注社会本身不同的是，人类学家专注于文化水平。作为田野作业者，无论是人类学家还是社会学家都需要有关他们研究群体的详细信息以得出他们的发现和观点，但他们查看资料的视角是不同的。民族志学者源自人类学传统，因而依赖文化概念以指导他们的研究。但值得注意的是，如今，许多社会学家关注文化，而许多人类学家则专注于社会关系。但每个学科的研究传统都影响着各自研究者的行为与思考。另外，文化概念——无论是被社会学家还是被人类学家所使用——都是有用的，其结果好坏就看一个民族志学者走向田野时所带的概念包了。

2　利用诱导的方法，民族志学者描述文化各个部分的功能以更好地理解文化作为一个整体是如何运作的。结构和功能概念是可供理解和详述文化基本元素的有效的启发式工具。

【32】

3

荒野中的指南：方法和技术

> 对一个在自然历史中从未受过训练的人来说，当他在乡野或海边漫步时，就像是一次穿越布满精美艺术品画廊的散步，但是九成作品面向着墙壁。
>
> ——托马斯·赫胥黎（Thomas Huxley）

民族志学者是一种人型仪器。脑中带着研究问题、社会交往或行为的理论以及各种概念性指导方针，民族志学者大步走进某种文化或社会情境中去探究其文化形态，搜集和分析资料。依靠"它"的判断、思考和感觉，这种人型仪器是最敏感和最有理解力的资料采集工具。但该工具所采集的信息很可能是主观的且容易产生误解。田野作业者在面对陌生的行为和情境的迷宫时可能迷失方向。民族志方法和技巧有助于指引民族志学者穿越个体性观察的荒野，对构成某个社会情境的纷繁芜杂的事件和行为进行准确的识别及分类。民族志学者穿越社会和文化荒野的远足起始于田野作业。

田野作业

田野作业既是社会学家也是人类学家研究的显著标识。从本质上说，该方法对两种类型的研究者都是一样的——在那

些处于自然状态中的人们中间长时间地工作。民族志学者在
"自然"环境里观察人们和他们在真实世界的所有引导和约束
下的行为。这种自然主义的做法避免了那种典型约束或实验
室条件下的人工反应。理解这个世界或者它的一些小片段,需
要研究它所有的令人惊奇之处和复杂性。这项工作在许多方
面比实验室研究更为困难,但它也更有回报(参看 Atkinson,
【33】　2002;McCall,2006;O' Reilly,2005;Spindler,1983)。

　　田野作业的益处之一在于能够为资料提供符合常识的观
点。例如,在一项对南方农村学校的研究中,我收集到的大量
记录表明:非常低的学业成绩却有高的学校出勤人数。这是
违反直觉的,与我对城市地区学校的研究经验也相反,那里成
绩差的学生,往往辍学或逃学、迟到。然而,去学校的途中看到
一片片的棉花地、稻田、大豆田,我清楚地意识到这些资料是有
意义的(参看图 3.1)。除了去学校,这里的学生无事可做。这
是这个地方唯一的"社交游戏"。正如一个学生所说,到学校明

图 3.1　阿肯色州德尔塔的棉田

显比呆坐田里、独自一人、无事可做要好。

田野作业者使用种种方法和技巧来确保资料的完整性。这些方法和技巧使得研究者的理解客观化和标准化。当然,民族志学者必须采用本章所讨论的方法或技巧以应对当地环境。资源限制和最终期限也有可能限制在田野采集资料——探究、多方求证,以及记录信息——的时间长度。 【34】

选择及取样

调查问题制约着研究地点和人或者计划的选择。举例来说,找寻教育机制,如教师的职业前景和学校成败之间的关系的相关资料,在教室里比在教育会议的会议桌上更容易获得,尽管后者也很中肯。研究问题的理想调查点并不总是可以轻易进入的。这种情况下,研究者从开始就要承认并标明该项研究的局限所在。理想状况是,调查的焦点为适应研究所需而变化。如果既无法适应,问题又不可靠,那研究者也许就不得不放弃最初的研究转而提出新的研究问题。对于签订合约的研究项目,合约的修改也许就是必需的了。这也许会危及研究的资金支持,但在一些情景下这是可采取的唯一聪明且诚实的做法。

下一步是决定如何从目标人群中选取样本。有两种做出决定的办法。第一种,挑出谁或者什么是不用研究的。这种排除过程就好像一流大学的认证过程一样。这不是决定我们该承认谁而是在被给定的所有有资格的人们中我们该拒绝谁。一大堆见多识广的人和有用的事件呈现在研究者面前,研究者必须过滤掉那些对研究而言只有微小作用的信息源。第二种,挑出谁或者什么应该研究,这些信息源将最有助于理解被研究社区的生活。

大多数民族志学者采用有益于参与观察的大撒网方式——最初与他们能与之混合的每个人混杂在一起。随着研究的进行,焦点缩小到被研究人群中的特殊部分上。大撒网方式确保在进入对特殊交往者进行微观研究之前对事件的广角度视野。这幅大图景可以帮助民族志学者提炼研究焦点,也有助于田野作业者理解他或她从视频记录或笔记中捕获的更突出的细节,以便更进一步的分析。

民族志学者通常采用非正式的策略来开始田野作业,例如从任何一个他们可以横插一脚的地方开始。最寻常的技巧是判断性取样——也就是说,民族志学者依赖他们的判断,基于研究问题,来选择该亚文化或单位中最适合的人群。这种方法非常自然,要求民族志学者就人们的所作所为问一些非常简单而直接的问题。如果民族志学者足够机敏并善于利用的话,普通的机会、便利条件以及幸运也会在该过程中占有一席之地。一些经验丰富的民族志学者则采用一些完全随机的策略来开始工作——特别是当他们对他们所要研究的文化或单位已经知之甚深的话。

【35】

然而,若对被研究群体没有一个基本了解,而又采用一种结构严密而随机的方案,则将导致研究者过早地缩小关注焦点,从而也许会将与研究有关的特定的人们或对象排除在外(参看 Henry,2009*;Weisner et al.,2001,关于取样的进一步讨论)。此种误导性研究也许会有很高的可信性,但有效性却极端的低,也就削弱了整项研究成果。民族志学者首先必须就给定的研究询问正确的问题。如何询问正确问题的最佳途径——除了文献搜索和提出想法外——就是进入田野并找到人们日复一日地干些什么。戈茨和勒科姆(Goetz & LeCompte,1984,pp:63-84)提供了有关民族志研究中选择及取样的有益讨论,集中在基于标准和概率的取样。

---

* 本书中文版《实用抽样方法》已由重庆大学出版社引进出版。

进　入

　　来自某一成员的介绍是民族志学者进入一个群体的最佳门票。贸然进入某个社区会给民族志研究带来令人寒心的影响。社区成员也许对民族志学者个人或者他的工作不感兴趣。一个中间人或者"媒人"能够为其打开门户或者将其锁于门外。这个帮助者(facilitator)可以是一个首领、主管、指导者、教师、流浪汉或者帮会成员,他们应该在该群体中有着相当的信用度——无论是作为一个成员或是公认的朋友或关系户。该中间人与社区的关系越密切越好。在研究的初始阶段,该群体对于中间人的信任会延伸至对民族志学者的信任。如果被适当的人介绍,民族志学者将会受益于晕轮效应(a halo effect):不知不觉中,群体成员会认定研究者是个好人。只要民族志学者显示出他值得社区成员信赖,他就有可能做好研究。强力的推荐和介绍加强了田野作业者在社区工作的能力,也因此提高了资料的质量。

　　不幸的是,田野作业者总是无法找到提供介绍的最佳人选,而只得顺应于身边可供利用的资源。这种情况下,研究者必须要考虑在没有帮助的情况下进入社区——随意地走进一家临近的商店、参与教堂的服务、到学校当义工、或者在社区中扮演其他任何没有威胁性的角色。然而,很多时候,没有某种程度的陪同,进入社区几乎是不可能的。现在,田野作业者必须接受一项"恶魔的交易"——贫乏的介绍以及所有可能的限制是获准进入社区的唯一途径。这种环境迫使民族志学者从这个突破口开始,不厌其烦地证明他或她本人是值得该群体信任和尊重的。这种困境使得民族志学者一旦进入就会不再和中间人客套,但对第一次的接触欠下的人情要表示尊敬和感激。【36】

　　选择社区中的重要且强势的人物是很有用的,但在田野作业建立独立性也很重要，这是为了防止过早地切断其他的相关联系。例如，在一项对图书馆的研究中，与强势的经纪人（broker）的紧密联系对我获准进入该组织是很有益处的，但对资料收集却是致命的危害。我与经纪人的联盟造成了一个印象，即我是个间谍或是另一个与他们不一边的强势经纪人。在尝试去了解图书馆中各部门是如何运作的过程中，我发现自己成了一个不受欢迎的人。我要付出巨大的努力，一方面证明我是公平的或至少是个不做评判的目击者，另一方面还要去除我靠关系进来的罪恶感。

一旦进入社区，特定的方法和技巧将引领民族志学者进行资料的汇集和分析。这章接下来的内容将依次讨论这些技巧。

参与观察

参与观察是大多数民族志研究的特征所在，它对于有效的田野作业至关重要。参与观察不但要参与被研究群体的生活，还要保持专业距离以便适度地观察和记录资料。鲍德麦克的《陌生人和朋友》（*Stranger and Friend*，Powdermaker，1966）形象地描述了这一角色。

参与观察应融入一种文化。理想状态的参与观察，是民族志学者在社区工作和生活6个月至1年或更长的时间，学习当地语言，反复地观察行为习惯。长时间的居住有助于研究者将基本的信仰、恐惧、希望和期待融为己有。简单的仪式性行为，例如去市场购物或到水井汲水显示了人们如何利用时间和空间，以及他们如何决定什么是珍贵的、稀缺的和亵渎的。这一过程可能看起来毫无体系。起初，它有些不受控制，随意地发生，然而，即便是在田野作业的早期阶段，民族志学者仍能找到他们可以专注研究的经历和事件。参与观察为施展更专门的技巧搭好平台——包括心理学投射技术和问卷调查——并且，当田野作业者越来越了解该文化时，参与观察本身也变得越来

越简练。思想和行为对于进入社区只是一个不清楚的象征,却
表现出更清晰的焦点。参与观察还有助于厘清使用更细致的
考察工具——通过提供意义的基准线和再进入田野的途径以
发掘那些(通常是意料之外的)结果的背景——带来的结果
(DeWalt & DeWalt,2002)。

我在以色列生活时,观察到一些或大或小,不断重复甚至无
休止重复的行为模式。乘客们视公共汽车上出现的炸弹为当
然,士兵和他们随身携带的乌兹冲锋枪(一种半自动步枪)变成
木工的一部分。集体农场中的种植和收获周期是由血汗、紧绷
的肌肉和疼痛的关节来标志的——还有季节性的假期和节庆。

每一天都有它的模式,我所在的这个群体的集体农场成员
和其他学生以及志愿者们每天早晨四点钟起床,走到餐厅吃点
儿东西。然后,大约在四点三十分或者五点左右开始在农场干
活。每个早晨(星期六的安息日除外),我们穿着农场的军队样
式夹克衫以抵御那通往农场路上的清晨寒气。大约半小时之
后,太阳开始温暖大地,我们脱去夹克。我们也为早晨八点至九
点的早餐养出了良好的胃口。但早餐时间过得很快,尚未休息
好,我们又要返回农场了。摘桃子时,热气和令人发痒的桃子茸
毛把我们都逼疯了。午餐和淋浴真是难得的幸福。午餐之后的
休息时间可以阅读、社交,或者探视托儿所的小孩,这真是一天
中足以回味的喜悦。幸运的话,下午换一个截然不同的工作可
以减轻上午工作的乏味感——哪怕是一些花费同等体力劳动的
琐碎的事情也能达此效果。当晚餐时间终于来临时,我们成群
结队地回到餐厅享用那一成不变的晚餐:周日的鱼,周五的鸡,
或者两者的混合。在集体农场,即便是小孩的抚育也是周期性
的。怀孕的母亲都是一起长大、共同工作并几乎同时怀上小孩,
随后,一起推着婴儿车,聚集在保育中心。

在耶路撒冷的旧城区里,另一些仪式也在上演——临近哭
墙,阿拉伯人商店附近的街道上,哈西德派的犹太人(Lubavitch
的拉比们),蓄着长发(payahs),戴着大大的黑毛帽(fadorahs),
穿着长长的黑色外套并膜拜着哭墙。他们邀请我与他们短暂

地共同生活和做研究以分享他们的内心秘密和生活方式。同样地，阿拉伯商人们亦待我友善：我在耶路撒冷生活时，他们经常在一天忙碌的生意期间关上店门，与我一起喝茶，并带上他们所有的银器。特制的玻璃杯内充溢着茶叶，尚未融化的两英寸长的方糖则静伏在杯底，还有那正式的地毯。我永远无法忘怀他们乐于其中的永恒感。

【38】　　只要在这些社区工作和生活一段时间，所有的这些模式都可被认知，细节观察也是可能的。我在集体农场不得不整田、播种、灌溉土壤，以及采摘果实，与哈西德派教徒们一同学习，每天和阿拉伯商人讨价还价，以便理解和记录这些完全不同的生活方式。日复一日地与人们共事一段比较长的时间将使民族志研究变得有效而生动。

　　经过一段时间，人们会忘却他们的"公司式"行为而耽于熟悉的行为模式。对本文化进行民族志研究，或许不需要像异文化民族志研究那么长的时间就会达到这种状态：语言和习俗都是熟悉的，并且研究者在很多方面已经深入其中。然而，有些时候某种熟知的框架实在是太熟悉了，以至于该研究者对其熟视无睹，忽视或漏记了许多重要资料。

　　在应用性研究中，参与观察经常是间断性的且时间跨度很大。例如，在两个民族志研究中———一项是有关辍学生的，另一项是关于天才学生的———我在三年时间里每隔若干月就会花几个星期去观察该项目情况。这种观察较为透彻，包括教室内观察、无间断的非正式访谈、偶尔的代课与社区成员的交往，以及其他各种研究技术的运用：长途电话联络、与学生家庭成员聚餐、花时间与逃课学生一起在走廊和停车场闲逛。

　　参与观察需要与被研究群体人们近距离、长时间的接触。在前文提及的两个案例中，时间周期是三年。研究合约预算或时间表常常不允许长时间———连续性或间断性———的研究。这种情况下，研究者可能在研究中采用了民族志技巧却无法做成一次民族志。与此类似的，没有参与他者生活的观察可能运用了民族志方法却并非民族志。无参与的观察也许会采用诸如看学校篮球比赛等形式作为资料搜集的一个部分。运用民族志技巧和无参与的观察是可以接受的调查形式,但准确地标明该调查方法则非常重要。

这一过程似乎很复杂,但一个好的民族志学者会从基础做起。参与观察起始于最初的问题——甚至可以是这么简单的一个问题:Apho ha bait she mush?（洗手间在哪儿?）找到洗手间或者加热用的燃油将帮助研究者明了该团体的地理和资源情况。缓慢但毫无疑问地,当研究者懂得该提什么问题和如何提问时,这些问题变得更加精练。

在任何案例中,民族志知识和理解的获得都是一个周期性过程。它开始于对该社区的全景式观察,移近至对细节进行微观聚焦,然后再次淘选出更大的图景——但这一次嵌入了微小细节以形成新的洞察。随着田野作业者变换观察的广度和深度,焦点重复地变窄又变宽。只有当民族志学者既深入其细处又撤去了表面错误信息,他才能细致入微地描绘出该文化以为他人所理解和欣赏。 【39】

访 谈

访谈是民族志学者最重要的资料搜集技巧。访谈可以对民族志学者观察到的和体验到的东西进行解释并将其放进一个更大的框架之中。访谈需要言词上的互动,而语言表达能力成为会谈的必需品。文字和口头表达在不同的文化中有不同的价值。人们交换这种言语必需品来相互沟通。民族志学者很快地学会去品味资料提供者的每一个字,无论其是用来表示文化或亚文化的言外之意还是直抒其意。一般的访谈形式包括结构的、半结构的、非正式的和回忆式访谈。虽然在实际应用上这些形式会有交叉、重叠,但本章节会刻意地分离出各种访谈形式、策略和问题,以及它们分别适用于哪些表述或讨论。在任何一种访谈中民族志学者都是扮演一种恳求资料提供者的角色。但无论如何,民族志学者都应该在实际运用这些方法之前,弄清楚在资料搜集和分析上,各种访谈形式的好处和坏处(其他分类访谈方式的方法,可参看 Denzin,1978;Goetz & LeCompte,1984;Patton,2001。其他访谈技巧的讨论,参看 Atkinson & Hammersley ,2007;Bogdan & Biklen,1982;Talor & Bogdan,1984;Werner & Schoepfle,1987a)。

正式结构和半结构的访谈研究目标非常清晰,类似于口头形式的问卷调查。此类访谈通常服务于做比较与找典型的目的——比较回答者的反应并把反应放到一般团体信仰和主题的背景之中。田野调查者可以在研究的任何时候采用结构性访谈。例如,在做有关学校老师的教育背景问题的调研时,一系列关于比较教师们的资格和经验的问题会提供很有用的基础资料。问这些问题还可以起到不具威胁性地打开僵局的作用。在研究的初始阶段,结构性访谈易于为反应设定模式,并使研究者对该研究事物有些概念化的认识。因此这些访谈资料在研究的中期和末期是最有用的,可以用来搜集有关特定问题或假设的资料。在田野调查者理解知晓内情者对社区基本【40】原则的看法时,结构或是半结构的访谈是最有价值的。针对这一点来说,问题应更多地倾向于切合本地人对现实的认知而不只是研究者本身的想法(参看 Schensul,LeCompte,& Schensul,1999)。

非正式的访谈是民族志工作中最常见的方法。这看起来很像是平常的对话,结构性访谈有叙述清楚的讨论项目,而非正式的访谈有特定但是隐含的研究讨论项目。研究者使用非正式的方法发掘文化中意义的类别。非正式的访谈在民族志工作中,对于发掘人们在想什么和比较两个不同人的想法是很有用的。这样的比较帮助确定一个团体中的共同价值观——价值观会影响行为。非正式的访谈对于建立和维持良好的密切关系也是很有用的。

非正式的访谈看起来最容易引导。这不需要牵涉任何特定形式或顺序的问题,也可以顺着对话推进,视参与者或发问者的兴趣而定。然而,恰当且有效地引导这样的访谈,却是最困难的。伦理和控制的问题每每在非正式的访谈中浮现。田野调查者试着以一种相对有系统的方式去学习另一个人的生活方式时,应如何建立并维持一个自然的情态呢?一个成熟的,完全开放的发掘模式,该如何与一个被设计用于发现特定问题与关系的隐含的架构相平衡呢?最后,什么时候是追问的好时机而什么时候不该再深入打听?尽力去做,非正式的访谈就像是自然的对话,但是得到的答案通常超出了田野调查者的问题。

非正式的访谈应让使用者都容易了解。换句话说在短时间内,参与者都能明了这种形式。非正式的访谈和一般的对话是不同的,但通常是融合在一起,以形成对话与隐含问题的混合形式。这些问题通常在对话中显现,在某些情况下,它们是偶然出现的(serendipitous),且源于参与者的建议。在大多数情况下,民族志学者有一连串要问参与者的问题,并在对话中找寻最适合的时机询问他们(如果可能的话)。

非正式的访谈提供了资料搜集和分析最自然的情境和模式。不幸的是,总有某些程度的错误会出现。不论访谈者多有技巧,有些问题还是会给人以不自然之感。一个有经验的民族志学者会知道如何将没有威胁性的问题深藏在起始的对话之中,然后在介入敏感话题之前,提出比较私人性和威胁性不明显的问题来建立和谐的密切关系。对时间控制和参与者音调的敏感度在访谈中是很重要的——非正式或是其他形式的都是如此。如果在访谈帮派分子的过程中,他接到帮派中其他人警告他团体中混入身份不清的密告者的电话,就可能会失去询问他帮派中非法活动的机会。但是这也是问他有关线人和这种团体生活压力问题的最佳时机。民族志学者必须学会去留意一个人声调的改变,因为这些改变是态度和情感的重要线索。一个老妇人在她述及她配偶的死亡时,从轻柔感性的述说转变成惊吓颤抖的呢喃,此时发问者应该留意这个线索并巧妙地进行下去。她可能是想要把讨论这个话题当成是洗涤心灵

【41】

的机会,或是感受到揭穿内心秘密的压力。这些情景都不会是轻松的。然而,一个敏感而有经验的民族志学者将可以分辨这两种情况并做出适当的反应。研究者在这些情况下可能会犯错(参看 Fetterman 1983,和本书的第 7 章关于民族志学者在田野调查中面对的伦理风险问题)。

利用一个脆弱的个体得到无价资料的机会可能会很吸引人。事实上,这可能是一个罕见的机会去发掘一个人内心最深处的秘密。然而,除了明显的伦理方面的顾虑,只利用一个人的代价太高了,民族志学者要么必须等待另一个机会,要么再去创造一个机会。在一个点上花费很长时间的好处是,更合适的机会通常还会再出现。但过分的敏感会使民族志学者思维受到限制,从而在搜集和分析资料的过程上设下了不必要的障碍。

大多数重要而不具威胁性的问题可以引出田野调查者寻求的资料,并在平常的对话中创造出可以自然发问的黄金时段。适当地设置和提出问题,并保持一个有弹性的模式,是好的民族志的要素,这可以确定资料的品质并保护参与者的隐私权。

回忆式访谈可以是结构、半结构或是非正式的。民族志学者靠回忆式访谈来重建过去,请资料提供者回忆个人的历史资料。这类的访谈并不能得到最准确的资料。人们总是会遗忘或是过滤过去发生的事件。在某些情况下,回忆式访谈是搜集过去资料的唯一方法。在民族志学者已对历史事件有准确了解的情况下,回忆式访谈提供关于被访谈者个人的有用的信息。这样的方式使被访谈者在他们的价值观中重塑过去的好时光,并显现出他们的价值观的形态与结构。

民族志学者用访谈来分类并组织一个人对真实的认知。所有的访谈都是共用一些基本形式的问题。最常见的形式就是普泛的或面面俱到的、细节性或专门性的、开放式或封闭式的问题。普泛的问题协助认定要探勘的重大主题。细节和专门性的问题用来挖掘这些主题中更详细的内容。这一方式找出了人们观察世界的方法中相似与相异的地方。开放式与封闭式的问题可以让民族志学者发现并确定参与者的经验和认知(参看第 7 章许可和机构审查委员会部分)。

普泛的或面面俱到的问题

普泛的问题——或是斯波拉德里和麦库迪(Spradly & McCurdy,1989)称作面面俱到的问题——是设计用来引出参与者或是本地人世界的全景,设定该文化的边界。普泛的问题有助于界定研究的边界及筹划资源的有效利用。参与者对物理背景、活动景象以及想法的概述有助于聚焦和指引研究方向。

在一项有关大学的研究中,最典型的普泛问题可以是:你可不可以带我(到校园)四处走走?要回应这个问题,该个体会指出不同的学院和行政部门、医院、教堂或犹太人集会堂、学生会、图书馆、互助会等。普泛问题的品质决定了它的实用性。普泛问题的范围越窄,反应也会越小,随之就会影响到对这一文化的概述。同时,研究的范围决定了普泛问题界定的范围是否有用。举例来说,如果研究涵盖了整个大学,那么上述这个面面俱到的问题是一个很好的普泛问题。而如果研究包含了整个美国文化,民族志学者请某人带他四处走走则是几近荒谬的——在这种有限制的背景之下——这种提问方式很有可能会起误导作用。

在我对大学图书馆的研究中,我请人带我四处走走。我在熟悉的环境里游览一遍:参考书的台子、电子的与不能拷贝的分类档案、特别的藏书,以及针对研究生与大学生们的各类藏书。我也看到了幕后的场景:行政办公室、堆放未分类书籍的地下室、分类书籍的房间、堆满了电脑软硬件的房间,还有其他不熟悉的处所。这些信息帮我调整我的研究范围;同时也提供了一个背景,我据此设计我的调查框架。这个面面俱到的问题使我了解了书本和人是如何在图书馆的系统中流动的。图书馆的某些部分就像是现代化的生产线一样运作;其他部分则依然像是沿袭着中世纪的学者模式。当我看到一些我所不知道的东西时,我就慢慢地缩小我的问题范围。比如说,当我意识到我并不了解图书馆员一天的作息时——我就发问。

普泛问题带出的资料使我建构这地方的基本地图,找出它的运作模式,并分离初步的主题,这让我可以有效率和有效用地使用时间。这样的资料也激发出一大堆专门性、细节性的问题,并在更多的普泛问题之后引导出更多的细节性问题,一直到我建构出令人满意的概念架构。

【43】

民族志研究需要田野调查者在普泛问题和专门问题中来回探索。过早对一个人的活动或是世界观聚焦,可能会在研究完成一半以前就耗尽民族志学者的资源。在整个研究中,田野调查者应该要在问题之间保持一种微妙的平衡。一般来说,普泛问题在研究的早期应被重视,而专门问题要放在中间或最后的阶段。

专门问题

一旦普泛的问题对田野调查者和当地人都揭示了某种分类的重要性,对于这种分类的专门问题就变得很有用了。普泛型问题和专门或细节型问题的不同之处就在于情境的不同。这么一个问题——图书馆员做些什么——在关于图书馆的研究中算是个面面俱到的问题,但是对关于整个大学的研究来说,就是个专门问题了。

在我对图书馆的研究中,专门问题专注于各部门间与各部门中不同类型的图书馆员的不同点——举例来说,公共部门的管理者和科技部门的原始目录编辑者之间的不同。更精确的专门问题关注到同一部门和群组内两个成员间的差异性,就像是目录部门中原始目录编辑者和复制目录编辑者的不同。

专门问题深入探索一个已建立意义或活动的分类。当普泛问题提供了一个成形的整体理解时,专门问题便提炼并推广这样的理解。结构和属性的问题——专门问题的次分类——通常是这一层次询问的最恰当方式。结构和属性的问题有助于民族志学者组织他们对局内人观点的理解。举例来说,图书

馆研究中的一连串结构问题包括以下所述:图书馆的主要部分
是哪些? 这个地方是如何组织的? 在图书馆中有哪些部门或
单位存在? 对这些问题的回应提供了局内人对图书馆在结构
方面的认知。我得知了三个主要部门:公共部门、科技部门和
行政部门。更深入的探查之后,我得到了在这些部门之下各单
位的详细描述。随之而来的是另一个结构性问题,我问道:在 【44】
各个不同的部门中,是哪一类的图书馆员在工作? 参与者解释
说,目录编辑者和维护者在同一部门的不同单位,而管理员在
另一个完全不同部门工作。为了更具有普及性,我比较不同
个体间的认知,以确定由权力、地位和角色的不同而造成相异
或相同的认识。我也打电话并拜访其他的研究性图书馆来了
解这样的结构模式是否是整个国家中研究性大学的典型模式
(电话和问卷是很有效的工具,通过它们可以判定某个模式是
否在整个组织中具有代表性)。结构性问题提供了这种存在于
局内人头脑中的横跨概念范围的相似性[参看斯普拉德里和麦
库迪(Spradley & McCurdy,1989),有关分类定义的建构的更多
信息。也看 Clair,2003]。

　　属性问题——有关一个角色或是一个结构性因素特性的问
题——在概念的分类上搜寻出它们的不同点。一般来讲,访谈
会并置结构问题和属性问题。结构问题引导出来的信息,可能
带出确认各种新类别之间差异的问题。例如,在知道了一个研
究性图书馆各种不同的部门和单位的构成之后,我会很自然地
用下面的属性问题来询问它们之间的差异:"在科技部门和公共
部门服务的图书馆员有什么不同?"除了知道这两种职位功能上
的不同之外,我还察觉到在"图书馆内部(bowels of the library)"
工作的目录编辑者之间地位上的差异——不被校园中其他人注
意,工作环境很差——而管理者,却和学生、教职员一起在豪华
的、有空调、有地毯的、空间宽敞和光线充足的办公室工作。为
了发掘更多有关各部门和单位的内幕,我就顺着该回应提了下
面这个结构性问题:"在科技部门中有哪些单位?"图书馆员热心
地告诉我该部门中的各个单位,包括取得(acquisitions)、分类、排

序、装订和修正,以及保存单位。接下来这个属性问题非常有助于我厘清对图书馆的组织结构的理解:"取得和分类的单位有何不同?"[1] 对这个问题的回应给了我一个更清楚的理解,使我知道了在这个系统中,书本收藏用的生产线式流程[参看 Spradley & McCurdy(1989),有关成分分析的讨论]。

结构的和属性的问题是从关于这世界是如何运作的认知理论(象征互动论)中衍生出来的(Blumer, 1969)。然而很明显,这些问题形式在几乎所有的理论方法中都很有价值,因为**【45】**它们有助于组织田野作业者对其他人如何定义现实的认知。

开放式与封闭式问题

民族志学者使用开放式和封闭式的问题来继续田野调查工作。一个开放式的问题允许参与者本人来解析它。举例来说,在一个对急诊室的研究中,我向一个普通急诊室护士询问了下面这个问题:"你觉得和直升机护士一起工作怎么样?"这一问题引发出一段冗长而详细的解释,她认为那些直升机护士是如何的冷淡,而这又是多么的不公平,因为即便是在忙碌的时刻,她们也不会帮忙。她说她可以举出那个星期有五到六项行动是要普通急诊室护士和直升机护士共同完成的,但她又说这些行动都是很表面化的。

这一回应替我的研究开启了一道新的大门。紧接着,我询问直升机护士,直升机护士指出她们大部分的时间都在等待紧急进入直升机的呼叫。她们解释说,在普通急诊室的工作忙碌的时候她们无法插手帮忙,是因为她们随时可能会被呼叫,而这时放下手边的任务无论是对普通急诊室护士还是患者而言都是有违操作规则的。因而,一个开放式的问题有助于阐释有着相同急诊室经验的这两类护士所持的互相冲突的世界观,而这些信息是封闭式的问题——例如,你们每星期有多少机会和直升机护士接触?——所无法探出的。

封闭式的问题在尝试去量化行为模式时是很有用的。例如,问这两类护士每星期有多少机会在一起工作会是个对这一事实的不同认知的有效测试,也是一条证明这个特别行为模式频率的途径。不同的回应也可以是深入探知这种互动关系性质的有效提示。

民族志学者一般都会在研究的发现阶段提比较多的开放式问题,而在确认阶段则多提封闭式问题。最要避免的问题是单独而模糊的问题,询问普通护士她们是不是经常和直升机护士一起工作——而没有定义什么是"经常"——对研究者和参与者来说都是无效的。

访谈的礼节与策略

礼节存在于所有的访谈之中——访谈者和参与者的个性与情绪、正式与非正式的环境、研究的阶段和各式各样的情况所综合造成的结果。每个礼节共有的第一个要素是民族志学者要尊重所研究族群的文化。在访谈或观察过程中,民族志学者对族群文化规范的感知要敏锐。这种敏锐在穿着、语言和行为中显露出来。穿着由设计师设计的服装对一个被剥夺了公民权、穷困的高中生进行一次非正式访谈是粗心的且不恰当的,如同穿着剪着破洞的牛仔裤和 T 恤与一位主要行政官员进行访谈一样。偶尔的疏忽或者失礼在所难免,人们通常也会谅解。然而,对该族群基本的文化价值观的一贯忽视和缺乏关注将会严重妨碍研究的进展。

第二,在所有的访谈中,对被访谈者的尊重是沟通的桥梁。某位个体牺牲时间给田野作业者提供帮助:回答他的问题。因此访谈不是质问个体或是批评文化习惯的借口。这是从受访者身上学习的机会。更进一步地说,个体的时间是宝贵的:企业经理和学校门卫都有工作要做,无论正式或非正式,民族志学者应该依他们的工作职务和时间表来计划最初的访谈。之后,田野作业者才会变成整个工作的一部分。然而,就这点来说,对时间控制产生的细微差异的敏感是必要的。细心的民族志学者会对被访者的信号有所反应。反复地瞥视手表通常代表时间已经到了。呆滞的眼光、迷惑的神情或是不耐烦地皱眉

【46】

头是受访者暗示询问者某些事情不对劲: 个体已经厌烦、失落或被羞辱。常见的错误包括花太多时间谈话而没有花足够时间倾听, 不能使问题明了和不经意地造成了对受访者隐性的批评。民族志学者必须倾听受访者的语言。用这种或者那种方式, 他们总是在不断地沟通。

在正式机构中, 比如学校, 一个必要的相当正式和仪式化的礼节是: 得到访谈学生和教师的许可。申请和获得许可也许需要与上层 (stakeholder) (包含了督察长和校长) 的初步会面, 以互相诙谐开场、正式解释研究计划 (包含提交已计划的研究)、许可信和正式的定期交流, 包括研究终止时间的备注。相似地, 结构性访谈需要更格式化的介绍、许可、指示、正式的授意, 以彰显在访谈、接近和可能随之而来的进一步沟通方面的主要区别。

非正式的访谈需要同样的初始礼节。然而, 研究者有意地、含蓄地沟通着许可、指示、线索、亲近和进一步的信号。让轻松气氛和打破僵局的话在非正式和正式的结构化访谈中都很重要, 但因每一种访谈形式的不同需求, 而有某种程度上的细微不同。适宜的敏感能加强访谈的效果。

【47】

特殊的策略和技巧能提高访谈的质量。出乎意料的是, 最有效的策略, 就是没有策略。表现自然比任何表演更使人信服。举止像青春期的少年并不能赢得青春期少年的信任, 这只会使得他们更为怀疑。同样地, 举止像个有成就的律师在访谈律师时是无用的。首先, 民族志的训练强调在田野作业 (包括访谈) 中诚实。虚伪的游戏在访谈的环境或其他地方没有生存的空间。第二, 在任何资料搜集的访谈中, 目的是要向访谈者学习, 从而不是给予该被询问者自己已经多么了解该地区的印象。第三, 即使是完美的演员在漫长的访谈中也一定会失足, 从而破坏了信用。表现自然是最好的保护伞。

有经验的民族志学者在恰当或是可能的时候, 会通过打破较小的文化规范以测试他们对该体系的认知来学习, 例如, 在官方会谈上坐其他人的椅子以检测地位、阶级和族群模式。然而,这项认知深入策略需要丰富的经验和非常融洽的关系,这是在研究中花费大量时间在族群上才能得到的结果。对亚文化规范的傲慢会伤害感情、损害融洽关系进而造成巨大损失,并严重地扭曲沟通关系——所有这些都会导致难以搜集资料。

在所有的访谈中都存在着某种程度的操纵。访谈者试着从个体生活中学到一些事情——不是每件事。要达到这个目标需要通过一些有意识或下意识的语言交流来形成——通过自然对话中清楚或模糊的线索。举例来说,借用来自法庭诉讼程序的策略,在一段期间以不同的方式询问同样的问题,以检查访谈者对反应的了解程度和个体的诚意——该个体确实相信他所提供的答案,或是他(她)要民族志学者听到的答案[或是他(她)认定这是民族志学者想听到的]。这项策略可用于民族志学者小幅地修正、提炼对初始反应的了解。通常,重复的问题和同样问题的不同形式引出的反应,在讨论题目上会激发出全新的观点(light)。访谈者应该在访谈中分散这类形式的问题。一个接着一个地重复问题会造成侮辱和没有结果。有些访谈与其他的相比,会更快达到受访者不愿反应的临界点。访谈者必须知道何时在题目上停留和何时移开。

相似的策略包括要求参与者复述问题。一个人的问题和他(她)的答案含有同样多的讯息。在复述问题时,受访者在主题和相关的事务上提供更广阔的看法。同样地,当回答的语调或态度足以引起对回答是否完整的质疑时,访谈者要请求受访者重复或是解释答案。当受访者对询问的反应只是简洁、有效地回答时,这个方法便能有效地刺激与受访者的讨论。【48】

数以百计有用的访谈策略中,最成功的是让受访者自在,感谢所提供的信息的价值并能进行后续的沟通。许多有关访谈的书强调控制。在正式结构化和半结构化的访谈中,持续控制访谈的方向是有用的,可以确保在短暂的时间里得到想要的目标信息。然而,民族志学者想让受访者在回答问题的时间把握上更自主。因为"如何"沟通和沟通"什么"一样重要。一个个体的态度、强调和表现能告诉我们该个体对时间的认知、对思考的组织能力和对人际关系的感觉。控制大多数访谈和维持控制会牺牲太多的资料。有技巧的民族志学者学习何时让受访者闲谈和何时形成或指挥讯息流动———一般由研究或询问的阶段来决定。在探索性的工作中,让参与者控制沟通的流动是最有用的。检测正式假说的焦点时期需要民族志学者保持更强的控制。

沉默也是访谈的有效策略。对许多美国人来说,学习如何忍受提问和回答间的空当是很困难的。然而,田野作业者要学会每当沉默降临,不要习惯性地试图插话并澄清某个问题。最好的方法是让参与者在回答前思考问题并消化一段时间。参与者明显地结束讨论主题之后,短暂的停顿可以带出更多讯息,有些甚至很关键。沉默的责任落在两方。一个有经验的民族志学者学习如何巧妙地使用沉默——鼓励受访者说话,而不是使他们不舒服或害怕。像这类策略和后面章节讲到的策略,将会保证更自然和更有效的交流,使角色扮演、各式各样其他的错误因素和被浪费的时间减少到最小。

关键角色或报道人的访谈

相较于其他人,有些人口齿更为清晰、对文化更为敏感。这些个体成了优秀的关键角色或报道人。报道人(informant)是人类学的传统术语,然而,我使用关键角色这个词来描述此类个体以避免报道人这个术语的印痕和它的历史根源[2]。在被研究的社会族群中,此类个体是其中的演员之一,也许不是中心人物,或者甚至也不是群体必不可少的一员。然而,此类个体在民族志研究的剧场里却变成了关键角色,起着极为重要的作用,是田野作业者和社区的纽带。

【49】

关键角色可以提供详细的历史资料,关于当前人际关系的知识(包括冲突),以及大量的有关日常生活细微差别的信息。虽然民族志学者尝试着和尽可能多的人谈话,但时间一直是个限制因素。因而,人类学家传统上相当倚重族群中的一位或两位个体。

　　一般而言,关键角色将会发现民族志学者的许多问题过于浅显或是愚蠢。田野作业者会向关键角色询问该文化的基本特征,即基本常识。然而,如此天真的问题常常引导出有关文化如何运行的总体解释。这样的反应指出了关键角色和受访者之间的不同。关键角色通常以广泛而有些散乱的方式回答问题。而受访者则明确地回答问题,没有关于更大图景的解释和蕴含他们所有丰富内涵的漫谈。对一位受访者的访谈通常是较为有效的资料搜集策略,但和与关键角色的讨论相比,此类访谈对现实的揭示较少且可能有效性更低。

　　关键角色需要小心选择。他们是极少数能完全代表族群的人。但是,他们通常是主流社会的成员——否则他们无法接触到最新的文化信息。关键角色也许是文化掮客,游走于两种文化之间,如同我的研究中的辍学生,他们一脚跨于学校,另一脚却踏在街上。这种立场也许能给予他们有关他们文化的特殊优势和客观性。他们在社区中也许是正式或非正式的领导者。关键角色来自各行各业,涵盖所有的社会经济层次和年龄组。

　　关键角色是民族志学者极佳的信息来源和重要的宣传者。我在辍学生项目研究期间,常常先拜访其中一位关键角色,以更新最新的消息和试探我对有关文化实践和信仰的最新想法。里兰,一个布鲁克林辍学生项目中的学生,常邀请我到他家吃晚餐或是听磁带。他和他祖母告诉我有关该地区的故事——它过去是如何,现在变得有多么危险。他还带我在该社区中闲逛,以便让我了解"另一半人是如何生活的"。他的住处前面有毒品交易,卖淫、拉皮条的旅馆和各式各样类似的活动。他对这社区的了解是无价的知识,而他又十分愿意和我分享。同样的信息也帮助我了解该学校项目的前后背景关系。通过关注学校里角色塑造的重要性,里兰也给了我有关学校风气的一种认识。他告诉我项目里的一位新老师打破有关合适穿着的所有规则,试着教他们有关以"五只手指的折扣(five-fingered discount,即偷窃)"来"自由地获得钱物(liberating merchandise)"。他说学生们很反

【50】

感,他们直接向校长抱怨。"他们到这来是为了学习",他解释道。他们已经明白公立学校和街头为他们提供不同类型的教导。在项目中,这位新老师打破了基本的文化规范,所以学生将他免职。我向校长及其他同学反复核对了这项信息。虽然校长不愿谈论此事,但他证实了里兰的故事,并提供了其他被掩盖的信息,因为这件事在政策上违反常理。

杰姆斯在底特律辍学生项目中是一位长期任职的管理员。他和这里的许多学生一样成长于当地的社区。而他对认真和不认真的学生之间,以及认真和不认真的老师之间的差异相当了解。我问他认为学生是否能遵守禁止吸烟、禁止在室内戴帽子和穿运动鞋的新规定。他说道:

> 你能从地上的烟蒂得知他们仍在吸烟,无论哪一个日子,我知道,因为我必须清扫它们……几乎都是新来的人,你知道吗?像是 Kirk 和 Dyan、Tina。你能随时抓到他们在哪里,我曾看过他们上课时在走廊,这里(指咖啡厅),还有下课后(还是指在咖啡厅里)。"

他提供了事实证据支持他的观察——在我们谈话时,他已经清扫出一堆烟蒂。

在一项有关天才生教育项目的研究中,我最具洞察力和最有帮助的关键角色是学区督察。他告诉我校区的政策,以及在我的研究期间如何避开无谓的争论(turf disputes)。他驾车带我绕行社区,教我如何分辨每一个主要的地区和指出相对应的社会经济差异,这对研究确实有着重要的影响作用(Fetterman,1986f,1988a)。他也提出了教育循环特质,现在有一些社区成员和前任学校理事会成员提出精英主义,反对现在的(普及教育)计划。他透露了他儿子决定不加入天才生项目(而其实他有资格加入)。这条信息使我对该社区中地位压力的认知开了一扇新的门。

一位提供具体描述的关键角色要比满嘴抽象词语的人更能有所帮助。在另一项研究中,关键角色则是一个正在一个教

育项目中工作的人类学者。一开始他的帮助是无价的。然而，
随着研究的进行,他那具体的描述和定期的象征性解释让位给
有关整个社会系统的成套的理论命题。最终,我们承认我们丧
失了对项目和研究中的个体的认知。受过高度训练、正式教育
的关键角色在研究中是有益的,但是田野作业者在请求他们帮
助时应该小心翼翼,要强调具体事实并把抽象的、与现实的紧
紧地联结在一起。

　　关键角色有助于综合田野作业者的观察。在研究一个大
学科系时,我观察到一连串的教员会议开了数月却未就任何议
题达成决定。我已预料到有暧昧不清、争论不休、意见不合的
情形,但是我没有意识到延长会期的不安定气氛;这些教员通
常是更有决断力的。我和一位关键角色(一位退职的教员)分
享我对教员的描述,像是漂流的船、没有舵漫无目的地航行。
他提供更广阔的情境,帮助我理解我所看到和经历的事情。他
解释他们正经历"空白期(interregnum)"。该院系前任主席辞
职,正面临领导真空期。没有这项信息,我无法完成学校互动
关系的图景。

　　关键角色和民族志学者必须互相信任(参看图3.2)。慢慢
地赢得对方的尊重。民族志学者必须花费时间找到口齿清晰
的个体并花时间在他们身上。田野作业者要学习倚靠关键角
色的信息——特别是当反复核对其他信息来源以证明其具有
正确性和启示性时。有时,开始关键角色的选择,仅仅是因为
他们和民族志学者性格相似,或者相互感兴趣。民族志学者和
那些能持续提供可靠和易了解的信息的关键角色建立长期关
系。关键角色可以是非常有效而能干的资料和分析来源。

　　同时,民族志学者必须小心翼翼地判断关键角色的信息。
过度依赖关键角色是危险的。每一项研究需要多方面的资料
来源。另外,对于保证关键角色不会只提供他们认为田野作业
者要听的答案来说,保持警惕是必需的。民族志学者能简易地
检查答案,但必须对扭曲和污染信息保持警戒。另外,当关键
角色开始接受民族志学者的理论和观念架构时会产生更为微

图 3.2　费特曼博士访谈关键报道人

妙的问题。关键角色也许不经意就开始以预先架构的术语描述文化,从而破坏了田野调查和扭曲了主位的或局内人的洞察[有关关键报道人角色的更多讨论,参看 Dobbert(1982);Ellen(1984);Freilick(1970);Goetsz & Lecompte(1984);Pelto(1970);Spradley(1979);Taylor & Bogdan(1988);Wolcott,(2008a)]。

【52】

生活史和自传式表述的访谈

关键角色常提供给民族志学者丰富、详细的自传式的描述。这些生活历程通常是相当私人化的;个体通常不能完整地代表团体。然而,关键角色如何编织一个私人故事,也能展示许多有关该社会团体的结构。个人的描述提供目标文化的综合图像。

许多口述史能通过另外的工作来证实真伪。然而,在一些例子里,生活史无法被证实,或者甚至连其中一些事情是否发生过也无法确定。但在这些案例中,生活史仍然是无价之宝,因为这些记录捕捉了个体对过去的认知,提供了有关关键角色如何思考以及个体的和文化的价值观如何影响他(她)对过去的认知的独特视角。将观察和访谈结合起来,生活史允许民族志学者组合大量认知资料,以便产生和回答有关该社会团体基本文化的问题。

我在以色列集体农场的田野调查获得了一些丰富而有益的生活史。许多集体农场的老人曾经是集中营的幸存者。他们关于进集中营前的生活,在集中营里的生存,以及从那时到今天的生活体验的故事是吸引人且有感染力的。一位幸存者——亚伯拉罕,描述了他年轻时的家庭、在德国时所上的学校、他所处的地位和纳粹党掌权后气氛的逐渐转变。他告诉我在剩下的家人到达集中营之前,他在犹太人区是如何失去另一半的家人。他那些关于如何在集中营里生存下来的策略的故事令人恐惧。他能在集中营里幸存下来只是因为纳粹要他到堆满死人尸体的坑里,捡拾死尸的金假牙。他记得在一个寒冷的天气里,纳粹将他和他兄弟挨个站成一排,随意地射杀他们,却独留他活命。我们甚至谈论到有些曾是高社会阶层的人在集中营里仍觉得优越于其他人。苏维是大屠杀的另一个生还者。他给我描述了一位在集中营里暴动的年轻人。在看到毒气室的转角处有一把来福枪后,那个年轻人全身赤裸,颤抖着从队伍中跑出来,抓到那把枪。他瞄准守卫然后扣下扳机,但枪里面却是空的:守卫戏弄了他。他们告诉那个年轻人因为他的反抗行为,其他人要为之付出代价,然后,在把他赶回行将被送入毒气室的队伍前,当着他的面射杀了三十个男人、女人和小孩。那些幸存者们曾遭受的肉体和精神上的恐怖经历——以及当如此多的人死去,而仅有他们幸存下来的罪恶感——是不可承受的。这些故事不单单具有历史资料的价值,而且还是帮助我了解他们每天在集体农场工作时所展现出来的行为、情绪、恐惧和价值观的关键所在。

辍学生计划的研究也提供了许多丰富的生活史。许多学生极其详细地和我分享他们的生活经历。一位年轻女人告诉我她母亲一再地从她身边偷走她的男朋友,而且在寒夜里把她独自关在家门外;一位年轻人描述说他看到他最好的朋友向警察开枪,然后看到他朋友被他们随后的回击打中颈部。这些生动细致的生活史有助于解释这些个体是如何看待这个世界的——为什么有人辍学,为何他们周期性地在新项目里迟到,以及他们为何在项目中需要如此多的辅导员。另外,辍学生项目中一位秘书的生活史——一幅白人中产阶级的年轻女人的完整图像——解释了她为何总是和较低社会经济阶层的黑人小孩产生冲突。

　　研究生活史的方式通常对关键角色和民族志学者两者都有益。然而,这极度地耗费时间。与这种方法非常类似的做法,包括自传式表述的访谈,在资源限制和时间束缚下,对研究有着突出价值的贡献。在许多案例中,一个简缩的或局部聚焦的生活史已经足够了。而一个自传式表述的访谈或案例历史则结合了结构性的访谈和按年代顺序排列的自传。自传专注【54】于社会、教育和职业的发展。民族志学者是对参与者生活某方面进行一定深度的探究而并非获知参与者全部生活的行为。这些技术提供的认识的深度是无价的,因其将谜团的碎片拼到了一起。这种方法最有可能得到以下回报:产生对个体世界观的深入的认识,以及在短时间内将对研究中各专门主题的内在认识联系起来(Spindler & Spindler,1970,p.293)。

清单及表格

　　一些技术手段能激发访谈者的回忆并帮助组织材料。在一个半结构的访谈中,一个草案或主题清单是有用的。这些打印或者显示在笔记本电脑屏幕或掌电脑上的清单,通常包含一些民族志学者计划在访谈中要涉及的重要话题和问题。当需要一个更有效的方法时,清单可以作为一个提醒,或是作为一个指导访谈的方法。同样地,在田野有了一些经历以后,田野作业者可以开发一些对获得资料大有帮助的表格。例如,我为自己和其他研究辍学生的田野作业者开发了一个观察教室的表格。在这个表格页面的上方,有一些简单的空格:日期、地点、观察者、老师和课程主题。剩余的页面分为三部分:课前观察、教学情况描述和课后情况描述。这个表格很容易填写和完成。它是可修订的,允许观察者记录任何事件。我在这个表格和观察记录中加入的唯一一个清楚的结构是课前、课中和课后活动的分类,包括哪些学生来上课或者课后哪些学生留下了,尤其是他们在干什么。通过访谈和观察,记录老师和学生带到课堂上的心情常常有助于解释课堂行为,尤其是在课外活动期间,比如选举期间或者大型比赛时期。

　　清单和表格有助于组织和指导数据的搜集和分析。这些表格的结构应该以从田野中获得的一些知识为基础,以确保它们的合适性和有用性。清单和表格也要求使用时要一致,从而允许田野作业者作比较,例如不同的辍学者对新规则和条例的看法。但是,这样的清单和表格也是有缺点的;新的主题出现时,就应该进行探究。新概念的提出和不同的表格都需要搜集和分析相关的数据。因此,在整个研究中,研究者必须不断地修改旧的表格和清单,开发新的表格。【55】

调查问卷

　　有条理的访谈类似调查问卷。在访谈范围——一个越来越有条理的访谈的逻辑范围内,调查问卷或许是最正式、最严格的用于交流的表格。但是,由于研究者和受调查者之间的距离,因此从本质上来讲,调查问卷与访谈不同。访谈有调查问卷不具备的互动的性质。在填写调查问卷时,受调查者只是完成研究者给的表格,而不进行言语的交流或解释。想知道研究者与受调查者是否有相同的观点、共同的假设以及对问题是否有相同的理解是很困难的——也许是不可能的。

　　填写调查问卷时常常会出现误解。许多人在调查问卷中给出一个理想化的答案,他们认为他们的回答应该遵守某种概念。研究者对这一类的回答是无法控制的,并且也没有人际线索可作为指导来对这些答案进行解释。另外还存在一些问题,包括问题中的偏见或是很低的返回率等。人口样本来源于电话簿,但却把大量没有登记在册的人、没有电话的人,或是正在安装电话的人排除在外。虽然随意的数字拨号代表一种进步,但是它仍然会遗漏后面那两类人。同样地,使用汽车注册来设计样本也会把没有汽车或是汽车没有注册的人遗漏。忽视这些常常分离在外的人口,将会对数据和答案的解读产生一系列的影响。

尽管有这些告诫,但调查问卷仍是解决具有代表性问题的良好方法。它们是唯一现实的一个掌握许多人心态的方法。在人类学家对怎样把难题结合在一起有了很深刻的理解以后,他们通常会开发一种探究人们所关心的具体问题的调查问卷。调查问卷是民族志研究对制度认识的成果,研究者可以把它运用到一个具体的主题或一些人们关心的事情上。民族志学者也使用现有的调查问卷来检验对具体概念或行为模式的假设。但是在操作之前,民族志学者必须使一份特定的调查问卷与目标文【56】化或目标亚文化建立联系。在为两项研究开发一份简要的调查问卷时,我就利用了我所掌握的文化知识,这些知识在文化的术语和表达方式,以及提问的措辞和问题的内容中反映出来。消除所有类型的错误需要一个试验期,这些错误包括模糊的和具有误导性的问题、不合适的回答类型、过大的尺寸,以及糟糕的打印质量。为了提高回答率,我也会进行三次调查问卷的分发。另外,需要用统计工作来解释返回样本中的偏见和解决许多问题。然后,我会用描述性的成果来比较调查问卷和测试的结果。这些描述性的成果用来解释调查问卷的结果是很有用的。调查问卷的结果使人们对某些态度有了深刻感悟。

在线调查问卷提供了一种在短时间内记录大部分群体看法的有效途径。问卷张贴在网上,包括是/不是,不定项、开放式以及李克特五点量表式的问题。受访者被告知在线调查的地址(通过一个专用网址),输入答案,并在线提交调查问卷,随之自动生成结果。数据一旦被输入,调查结果通常就会立刻直观地显示在一张条形图或者类似的图形上(参看图3.3)。这就使得民族志学者节省了最初的邮寄费用,时间及昂贵的邮政通知单费用,而且也省去了所有提交调查表的数据输入费用。如果有需要,民族志学者可以帮助那些有电脑恐惧症的或者没有接触过电脑或网络的受访者完成他们的调查表,即在同一个在线数据库输入他们的答案(参看 Best & Harrison, 2009; Flick, 2009)。

11.	Tobacco prevention & education programs are a good use of public money?			Create Chart
Yes		883	98%	
No		14	2%	
	Total	897	100%	

图 3.3　在线调查的电脑屏幕截图

还有其他许多进行调查的方法,从智能手机到无线投票设备都可以。无线投票设备(人们使用手持仪器来记录受访者的回答,结果立刻制成表且清晰可见)的好处之一在于它的直接性和透明度。参与者能够立即看到和分享自己的答案。这种方法为进行小组集体讨论提供了一种极好的工具。个人可以将他们的答案与小组群体答案进行比较,(如果感觉可以的话)也可以讨论他们答案与众不同的理由。

调查结果(电脑打印稿或在线显示)的可信度取决于反应率。反应率是指完成调查的人的比例。有许多提高反应率的方法,包括缩减调查内容(以减轻受访者的负担)、提供激励机制等。总而言之,反应率越高,可信度越强(参看 Fink, 2008)。

调查问卷在民族志研究中有自己的位置:它们是搜集大规模数据的有效途径。尽管有许多的预防措施,但是与调查问卷的用途联系在一起的方法学问题——包括提问者和受调查者的距离——会减小调查问卷作为重要数据搜集技术的可信性(参

【57】

看 Fowler,1988,调查研究方法的精彩叙述;参看 Hagburg,1970,调查问卷数据的有效性;以及参看 Groves & Kahn, 1979, Lavrakas,1987,电话访谈)。

投射技术

【58】   投射技术(projective techniques)在民族志研究中也是很有用的。投射技术对田野作业而言是一个补充和加强的途径,但是它不能代替田野作业。这项技术会从群体成员中导引出文化信息,还常常导引出心理信息。通常民族志学者会用一项事物来询问参与者。人类学家可能对这一事物代表什么有自己的看法,但是这个看法不如参与者的看法来得重要。参与者的回答常常会揭示一些个人的需要、担忧、爱好和总的世界观。

    罗夏墨渍测验就是一个经典的投射技术。心理学家和精神病学家拿出一系列墨渍卡片让病人解释。临床医师根据病人提供的信息进行诊断。人类学家使用罗夏试验、主题统觉测验以及各种其他的心理测验来调查具体的假设(Pelto,1970, Spindler & Spindler,1958)。但是,在田野作业中使用投射技术也会带来一些问题。首先,研究者需要专门的训练才能操作测验和对测验的结果进行解释。其次,这些测验有文化上的偏见——主要与产生这些偏见的文化相关。除非研究者把测验——或对测验的解释调整运用到所研究的文化之中,否则,这些解释可能是不合适的,研究结果可能会产生误导。

    许多人类学家因地制宜地运用这些测试。另一些则仅仅使用经典的投射技术来获得参与者的回答,然后使用判断和直觉(以对群体的理解为基础)来合理解释这些答案。还有一些人类学家使投射技术符合他们的目的。我常常把图片和幻灯片用作投射技术。在对辍学生的研究中,我把学生童年时代的照片给他们看,并让他们对照片进行解释,这样我就可以了解他们心中关于社区的图景是怎样的。我也让他们看彼此的幻灯片,以获得答案。一张展示项目主任(我曾听到有人高度赞扬这位主任)的幻灯片引来了这样的回应——"Idi Amin"。学生的回答表达了他们对主任的另一种感情:虽然他们热爱和尊敬他,但是他们也恨他,因为他是一个执行校规的领导。我还需要通过进一步的访谈并根据不同资料进行反复核对来对这些回答进行评审。然而,幻灯片在第一时间展示了学生与主任之间的关系中使他成功的那方面——"富有爱心但刚正不阿"。

【59】

只进行拍照可能是一种投射技术。我几乎在所有的研究中都照相。当我调节镜头的焦距时,人们对照相机做出什么反应常常显示出这个人的特点。害羞、大胆,或是性感的姿势都会传达信息。对于一个有技术和细心的民族志学者来说,偶然间对电影、电视剧、警察或几乎任何话题的一次讨论,都是一种投射技术。作为一个市内中学的教师和研究者,我曾用梦作为投射技术。我向学生和其他人询问他们的梦,然后问他们这些梦意味着什么。他们梦见被困在教室的角落里或是校长的办公室里与他们感到在学校里被束缚的感觉是一致的(作为对他们坦率的交换,我常常用经典的弗洛伊德或实用主义的阿德勒学说来解释他们的梦。他们喜欢这些解释,最重要的是这些解释具有娱乐的价值)。

然而,投射技术并不是孤军作战。研究者需要把这些技术放到更大的研究背景之中去完整地理解所得出的结论。投影技术可能是引导进一步研究的线索,或是一些支持现行假说的信息源。采用多少次投射技术只受限于民族志学者的想象力。但是,田野作业者只应该使用与当地群体和研究有关的测试。

其他的导引手段

很多其他的工具可以引出知情者对目标文化的分类。民族志学者要求参与者对群体中的人进行等级排列,以此来了解不同的社会等级制度。语气上的差别(Osgood,1964)可获得知情者对某种概念的评价。例如,一个受调查者被要求用李克特五点量表对摇滚音乐进行评价(优秀、好、中等、糟糕和可怕)(田野作业者和当地人享有共同的等级评价标准)。当地人或参与者然后被要求对其他的概念进行等级排列。田野作业者可以把这些人的评价和群体内其他人的评价进行比较,从而对这个群体如何看待某个问题有所了解。这样田野作业者可以确认模式和统计极端值或异常情况。认知图式对获得知情者的看法也是有用的。要求一个学生用各种路标对他去学校的路进行标示——例如,有歹徒出没的路用大石块表示——可以使人们对这个学生怎么看待世界有深刻认识。

【60】

这些技术,比如投射技术,要求研究者在设计和使用之前对研究的群体有基本的了解。在使用这些工具之后,要想完全了解这些答案的意义还需要一些另外的工作。用这些方法所获得的研究成果与通过提出结构和属性问题进行访谈获得的成果是一样的——获得受调查者对现实的看法。

不打扰人的方式

这一章开头就陈述说民族志学者是人型仪器,借由他们的感觉来做资料搜集与分析工作。大多数民族志研究方法是相互影响的:它们都牵涉到与人打交道。民族志学者努力做到尽可能地不冒昧,以减小对参与者行为的影响。但资料搜集技术——调查问卷除外——基本上都取决于人的相互交流。

但是,其他各种方法不需要人际交流,也可以对相互影响的数据搜集和分析方法进行补充。这些方法需要的仅仅只是民族志学者要保持关注。从显眼的事物到传说,这些不起眼的方法从表面的迹象中对社会和文化进行推断(Webb, Campbell, Schwartz, & Sechrest, 2000)。

显眼的事物

"显眼的事物(outcropping)"是一个地理术语,它指在表面可看见的基岩——换句话说就是显眼的事物。显眼的事物在市内民族志研究中包括摩天大楼、被烧毁的建筑、墙壁上的涂鸦画、城市街道上的尿味、堆满垃圾的院子、劳斯莱斯轿车和校园里的注射器。研究者可以从这些显眼的事物对这个地区的财富进行估价。如此,不与人进行任何的交流,做出初步的推断是可能的。然而,这些线索本身就可能是误导。一间配有所有现代化设备和任何可想象到的奢侈品的房间可能意味着财富,也可能是财政的过度扩张而濒临破产。研究者必须把每一件显眼的事物放到一个更大的背景下。一个坏了的注射器可以有很多意义:这取决于它是丢在医生办公室的地板上还是丢在深夜的小学校园内。在市内学校的墙壁上,没有涂鸦画与有涂鸦画一样重要。 【61】

一个年轻的女学生穿着一件兔子皮的大衣,贴身的、暴露的裙子,高跟鞋,戴着珠宝走进教室。她的衣着揭示了她很可能是一个拉皮条的或妓女(后来她被证实曾积极地参与这一有利可图的行业——由她的班主任,并且,在一个自发的、巧合的会议中,她的保释官也证实此言非虚)。

基尔克和迪伊在他们的夹克衫上戴着清楚显示他们帮派分子身份的特殊徽章。最终,我了解到他们中仅仅只有一人是帮派分子。另外那个年轻人穿的是他兄弟的夹克衫。

在一个缺乏基本服务和公共事业的乡镇上,房屋上贵而无用的累赘物("white elephant")呈现出特殊的意义。显眼的事物暗示了政治赞助、糟糕的计划、使用不当的资源。当把一位南非妇女站在她的简朴住房前的图像放在南非一个大范围的违章建筑区时,就显示出了巨大的意义(参看图3.4和图3.5)。它成为一项关于贫穷和不公的政治声明。 【62】

一段时期中物质设施的改变也可能是有启迪作用的。例如,在一个街区中,被烧毁的空房不断增加表明这是一个正在

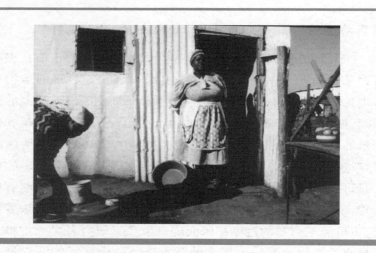

图 3.4　违章建筑区的妇女

图 3.5　南非的违章建筑区

衰退的街区。相反,经过重新改造的房子不断增加,可能是中产阶级增多的表象,富有的投资者会接管这里的街区。一间把当前复杂的课题突出显示在墙上的教室表明这间教室具有活力和学习气氛。学术奖品和体育奖品是对成员在这些领域内的表现的衡量标准和学校荣誉的象征。田野作业者必须用心评估这些丰富的信息,而不该忽视这些信息,或是认为这些信息是理所当然的。

书面的和电子的信息

在有文字的社会里,搜集书面文件是最有价值和最省时间的资料搜集方式之一。在对办公室生活的研究中,我发现过去的报告、备忘录和人员记录以及工资表都有无可估量的价值。任务声明书、年度报告使人们明白了这个组织的目的,并且表明这个组织希望把这些目的传达给外界。内部的评价报告表明所关注的领域。预算表明组织的价值。电子的消息和数据库不仅让民族志学者明白这个组织现在的身份地位,而且还允许掌握电脑知识的民族志学者用数据玩假定推测游戏。例如,民族志学者可以在一个部门的空白程序文档内进行数据交换或替代,以此来确定不同假设和条件的影响。与普通的信件相比,电子邮件受到的限制更少,因此它可以彰显办公室的内部关系、势力范围以及各种权力斗争。

【63】

学校记录显示这个学校过去、现在,以及将来处于什么样的位置(至少,标语会说出学校的目标)。课程计划、家庭作业、论文以及报告记录(或这些东西的缺失),都显示出学生、老师、父母和行政人员的信息的来源。教育委员会和教员大会的会议纪要提供一些回顾性的信息。田野作业者获得这类记录,尤其是一些敏感的资料需要经过许可。但是,储存在旧文件室或软盘文件或主机上的书面记录的数字序号可能是交错的。合理地使用这类信息可以节省民族志学者的工作时间。

空间关系学和体态学

空间关系学和体态学在第 2 章作过简要的讨论,那是用来解释宏观和微观研究的区别。简而言之,空间关系学分析由社会定义的人与人之间的距离,而体态学集中于身体语言(Birdwhistell,1970;Hall,1974)。与老师保持身体距离的学生会感到与老师的关系很微妙。在美国文化中,一个在离目标顾客两英寸的地方叫卖产品的售货员,可能侵入了买者的私人空间。使用这种侵入的技巧可能会征服顾客,让他们来购买,但是也可能会使顾客退却。会场上的座位安排有社会学意义。在辍学生研究中的一个咨询小组的会议上,努力控制会议权力的经纪人坐在桌子的一端,而他的对手则在另一端建立自己的阵地。会议期间,调换座位实际上是在改变权力和忠诚度。访谈者和被访谈者之间的社会距离和相关的身份常常清楚地表现为他们在访谈中的实际距离。在整个访谈过程中,访谈者一直坐在桌子后面,与走到桌子边与被访谈者并排而坐,发出的信息是不同的。座位的安排可能暗示着访谈者是怎么认识支配和被支配的关系,或者表明在这种有压力的社会场合中访谈者的舒适程度。田野作业者应该把这些观察记录下来,然后——运用这章提及的许多方法——把它们放在一个更大的背景之下用其他的资料来解释,来反复核对研究成果。

【64】

对身体语言的敏感性对于民族志研究是有帮助的。一个握紧的拳头、一个趴在课桌上的学生的脑袋、一个屈尊的面部表情、一次皱眉、一次脸红,一个眼睛盯着讲义的学生坐在椅子边缘,还有其他许多的身体语言都会为观察力敏锐的田野作业者提供许多有用的信息。在一定的背景下,这些信息能产生假说,能不完全地证实一些模糊概念,还能增加对田野作业的了解。

传　说

传说对于有文字和没文字的社会同样重要。它呈现出一个社会的精神特质或存在方式。文化群体常常用传说在一代代之间传达重要的文化价值和教训。传说通常利用熟悉的环境与当地背景相关的人物,但是故事本身是虚假的。在这层薄薄的表层后面有另一层含义。内层揭示故事的潜在价值。传说故事让民族志学者对人们世俗的、神圣的、理性的和感性的生活有了深刻感悟。

如今,以色列使用圣经中的神话和传说来加强国家的某种价值观。同样地,关于华盛顿以及他父亲的樱桃树的传说被用来把某种价值观灌输到美国的年轻孩子和成年人当中。例如，听某个群体关于辍学生的传说会提供一些关于这个群体的人怎么看待辍学生的证据。学生讲述的关于帮派分子的传说可能暗示他们对帮派分子的态度和他们与帮派分子的交往程度。

传说出现在各种背景中。在对一个医院药房的研究中，我发现传说能提供丰富的文化信息。医院药房最严重的财政问题之一是收入的流失。通过倾听和追究从传说得来的信息，我发现了操作中的一个大漏洞。在听到医疗人员之间交流有关病患档案的"战争"故事之后，我了解到病患档案长期滞留在某些部门。另一些故事描述的是医疗部门之间为占有某些敏感性（且有财政价值的）病患记录而进行的斗争。在这些医疗记录部门，我知道了放在档案柜之外的原始记录。为安慰职员，这个故事被重复多次地讲述：他们拥有一个过时的需要大量劳动的人工操作系统，他们努力劝说管理人员增加员工和使用电脑来操作系统，但是他们失败了。传说增强了他们的亚文化模式信念，他们是一台昂贵的大机器里的一个被压制的或是被忽略的齿轮。他们的故事包含的不仅仅是真相。那个过时的人工操作系统要对大量流失的收入负责。这个部门没有足够的职员来加工记录（把发放给病人的药物转化为钱）或是处理所有的工作。因此，一些记录仅仅只是堆积着，直到来不及向病人索要费用时才处理。行政官员用同样的传说，通过增强这个收入流失的部门的无能形象来责备他们，为自己开脱责任。这个传说让人们对这个组织的不良适应行为有了深刻的洞察。【65】

关于在急救室中，医生英雄般地努力抢救病人的传说，显示了医生和护士在危难时刻的精神风貌。传说影响了医生在急救室管理部门的行为模式。与一些急救室大夫谈话时，我听到的其中一个故事是关于管理者的。急救室的管理者因为评审给护士和外科医生的每一笔旅游补偿费，而得到很好的名声。我非常了解这个管理者，我知道他根本没时间来评审这些财政问题——他把这些问题委托给副手处理，这个副手仅仅只看了这个急救室使用费用的一小部分。但是,关于这个管理者严格控制的传说,在整个系统中传递了一个具有象征意义的信息,即管理人员通过关注细节来控制资源。传说对诸如旅游补偿费这样的小事产生影响,同时也对急救室的基本医疗习惯产生影响。再重申一遍,在对行为的影响方面,感觉到的事实比所谓的客观事实更重要(参看 Fetterman,1986g,关于这些研究的另一些细节,焦点集中于行政和财政问题)。

本章讨论的所有方法和技术一起被用于民族志研究中,它们相互支持。概念、方法和技术引导民族志学者穿过人类生存的迷宫,而发现和理解则是研究活动的中心。第 4 章探讨一系列有用的方法,这些方法使民族志学者在进行穿越时间和空间的旅行时更加富有成效、更加舒适惬意。

注　释

1　此时,我决定专注于分类部门,并问了下列一些结构性问题:"在这个部门工作的都是什么样的图书管理员?"两种特殊形式的图书管理员成为了关注的焦点:原始目录编辑者和复制目录的编辑者。在这一情景下,自然引发了以下问题:"原始目录编辑者和复制目录编辑者有何不同?"该问题引发了带有强烈情感色彩的讨论,即有关于他们日常生活是如何的根本不同,他们的职位所需的培训又是多么的不一样。我了解了复制目录编辑者是如何运用现存的目录信息来进行他们的工作的,而原始目录编辑者则必须先解译该书,再遵循编纂法则来完成任务。经过一番探寻,原始目录编辑者告诉我他们觉得管理者毫不在意这些差异。这种感觉建立在他们那新的"生产"标准之上,即他们希望每天处理的书本数量。一些原始目录编辑者解释说他们感觉是在做一项行将没落的工作。他们解释说图书馆协会已经为复制目录编辑者分类好了每本新书。而他们只是分类那些图书馆协会接管工作之前尚未分类的书籍。很多原始目录编辑者相信他们只是为了工作而工作。这一类文化知识是无价之宝,尤其是当试着理解复杂组织内部的工作情形,包括压力和负担的时候。

【66】

2　报道人(informant)这个术语源自人类学在殖民背景下的工作,尤其是先前被大英帝国统治的非洲国家(Evans-Pritchard, 1940, 1951;Pi-Sunyer & Salzmann, 1978, pp.451-453)。这个术语也给人以秘密活动的想象,而这与民族志的方法不相容。

【67】

4

加快步伐：民族志装备

> 拐杖让我在光滑的平面上行走保持平稳的节奏，当我
> 停下来站立凝望时，它又让我有所依靠。

> ——科林·弗莱彻（Colin Fletcher）

笔记本、电脑、录音机和照相机——所有这些民族志工 【68】
具——仅仅是人型仪器的延伸，帮助其记忆、储存和观察。然
而，通过获取民族志体验中丰富的细节和特色，这些有用的工
具能够促进民族志的工作，帮助组织和分析资料。本章概括性
地介绍了民族志装备，包括简单的纸、笔、录音机、照相机、盒式
磁带录像机、高科技计算机、数据库软件、网络搜索引擎以及网
页。合适的装备能使民族志学者在异己文化中的旅居更加愉
快、安全、有效而有益。

笔和纸

民族志学者使用最普遍的工具就是笔和纸。田野工作者
使用笔和纸记录每一次访谈或访谈后的内容，概述一个地域的
有形布局，描绘组织架构图以及概括非正式的社会网络。笔记
本能保留第一印象、记录详细的谈话并做出初步的分析。大多
数专业学者都有使用这个简单的工具在课堂上做大量笔记的

丰富经验。这种技巧很容易转用于田野作业。笔和纸有几个优势:容易使用、费用低廉、不招摇。缺点也很明显:田野工作者不能在社交场合记录每一个词和细微差异,很难在写的时候用眼睛和其他参与者保持交流,并且必定要花大量的精力去记录清晰有序的资料。

数字化录音设备

　　民族志学者试图沉浸在与人而非设备打交道的工作中。那些使他们从纸笔或者笔记本电脑的手工记录方式里解放出来的工具则大受欢迎。数字录音机(数字时代的录音机)使民族志学者能够参与到冗长的、非正式的、半结构性的访谈中,而不会因为动手记录而分心。当民族志学者保持一个自然的对话进程时,数字录音机能有效地逐字记录漫长的引语,这些对话录音对做好田野工作是很必要的。这些数字录音带会被一遍又一遍地分析。录音为访谈编索引,在选定的部分放置标签,便于回溯、分析和写作。不过,在任何情况下,田野工作者都应该在征得同意的情况下,审慎地使用数字录音机。

　　数字录音机可能会抑制个人在访谈中的自由交流。人们可能害怕遭到报复,因为他们的声音是可以辨认的。民族志学者必须确保这些受访者资料的机密性。有时,慢慢地在放松的状态下使用数字录音机可以避免不必要的紧张。通常,开始的时候我使用笔和便笺簿,当谈话速度加快时,我问他们能否使用数字录音机——其原因仅仅因为我不能迅速地进行记录。同样地,当我谈到一个被受访者认为太敏感而不能使用数字录音机的话题时,我便会把数字录音机停下。对这些要求做出迅速反应,显示了民族志学者的敏感和正直,并加强了民族志学者和参与者之间的联系。

　　数字录音机还可以有效地打破沉默、尴尬的局面。有时,在对有关我所研究的学生进行询问之前,我会在录音机上录下学生们的歌,然后放给他们听。在小组访谈中,通常,我要求学生们相互传递数字录音机,并依次介绍自己,就好像他们都是名人。这个方法常常会使他们很热心地加入到讨论中来,并且通常使他们适应这个设备。这个方法也使我离开田野很久之后,仍然还能正确识别每一个参与者的声音。

【70】

然而,使用数字录音机确实有一些隐藏的代价。把录音带上的内容转录成可印刷的文本是一个相当耗时而且单调的任务(即使它们是以数字的方式传送到计算机),因为听录音要花的时间和最初进行录音的时间一样多;对许多研究者来说,访谈资料的时间有多长就需要听多长。磁带内容的转录使得在时间耗用的考量上又增加了一个新的层面。通常,田野工作者剪辑录音带时,仅仅转录其中最重要的部分。这让民族志学者"接近资料",以识别微妙的主题和模式,而这些可能被一个不熟悉当地社区情况的专业转录者忽视。然而,如果资金允许的话,一个经过谨慎挑选的专业转录者能够解决这个问题(参看 Carspecken,1996,p. 29;Robinson,1994;Roper & Shapira,2000)。声音识别软件(用于将谈话转换成书面文本)对于这种类型的转录的价值是有限的。声音识别软件通常用于处理单个人的声音,而不是民族志学者的访谈对象。然而,这个技术领域正在大步前进。

转录者必须熟悉磁带上人们的语言、方言和俚语;必须知道要记录——而不能掩盖——非声音语言的部分;必须用一种中立的价值观或者依据相关的上下文进行转录。在我的第一批转录者中,有一个人对黑人英式土语非常熟悉——这对我需要转录的带子来说是非常必要的。她是一个黑人而且来自中低层收入的家庭。不幸的是,她认为黑人英式土语是低劣可耻的,并且不想让处于社会经济底层的黑人学生用一种她认为是低劣可耻的方式来表达。因此,她加工处理了他们的对话,使这些对话听上去像白人中产阶级的讲话。由于我亲自进行了所有访谈,我对学生们相当熟悉,于是我立刻意识到了这个问题。我解释我为什么需要逐字地转录。然而,我的转录者却在她的转录稿里,继续消解着学生们的咒骂语。价值观的作用,甚至在民族志调查中的这一方面,也被证明是研究中的一个关键环节。

智能手机

【71】

智能手机可以用于接收发送文本信息、电子邮件和图片。智能手机也可以用来查询时间,记录笔记和待办事项清单,上网搜索,寻找旅游指南和地图,维护日志,同步文件和拨打电话。民族志学者越来越依赖智能手机去组织和安排日程计划的优先顺序,与受访者交流,分享他们在田野里的初步认识和理解。我经常利用我的智能手机来维护我的日历,使它与我办公室电脑上的日历同步;在我旅行时指明方向;使用数字记事本和内置摄像头(以隐蔽的方式)记录我的观察。我经常在斯坦福大学医学院临床教学记录中使用我的智能手机。我用它记录观察报告并对临床培训活动进行拍照(经过许可)。然后,我把这些笔记和照片电邮给医学院的同事去证实我的观察和理解。同样,我的研究团队的成员在阿肯色州拍摄到学生在上课时间在学校走廊漫步并把照片电邮给我。这使我无论在哪里都能知道发生了什么事情,我拿起电话就能追踪我所看到的(参看 Masten & Plowman,2003,关于应用数字民族志去了解消费者)。

GPS 导航工具

全球定位系统(GPS)导航工具帮助民族志学者在民族志旅程中迈出第一步,即帮助他们到达目的地进行访谈和观察。他们可内置在汽车内,也可采用手持模式,以及用于智能手机。类似于互联网地图(参阅后文相关讨论),你只需键入所需的地址,然后导航

装置就会进行定位。GPS 设备将一路指引你所处的位置(通过声音,不断更新的屏幕地图和方向箭头)。在我的医学教育研究中,我用 GPS 工具访问邻近的城市医院,我在农村社区工作中也使用它。这些工具在大多数情况下都能高度精确地帮助民族志学者发现,即使是最偏远的社区或关键角色,这不仅大大节省时间而且减少了我们的焦虑。

笔记本电脑

比起笔和笔记本,笔记本电脑是一个巨大的进步。笔记本电脑是真正的便携式电脑,可以在办公室、飞机上和田野里使用。在访谈中,(一旦我与正在一起工作的同伴建立了融洽的关系,只要它不使我们之间产生疏离感)我常常使用笔记本电脑,而不是笔和纸。在技术相对先进的社会环境中,如果田野作业者充分考虑了访谈对象和情境并适时地略加提及的话,使用笔记本电脑并不是十分显眼或令人分心的事情。笔记本电脑节省了很多用于思考和分析的时间,同时还不需要每天输入原始资料——访谈笔记。田野作业者仅仅需要把资料输入电脑一次——在访谈进行中,或是在访谈结束后不久。这些笔记就可以很容易地被增加和修改。文件可以在笔记本电脑上进行分类和分析,或者从笔记本电脑传送到个人计算机或主机。如果这些文件被传送,它们还可以和其他的资料融合,形成一个极有条理的(有日期记录,可相互参照的),累积的田野作业笔记的记录。

【72】

在分析的紧要关头,笔记本电脑给民族志学者提供了一个和参与者交流的机会。民族志学者可以和参与者一起在现场分享和修改笔记、电子表格和图表。通常,我会让参与者评审我的田野笔记和备忘录,并以此作为一种提高我的观察准确性和让我了解他们所关心问题的方法。我们还一起制作数据呈现的条形图和其他图形,为初步分析提供一种即时的交叉校验。参与者可以使用笔记本电脑做出直接的反馈,并且操纵那些变量,以此来观察不同的可能性——例如,从图中删除一组,用一个组代替另一个组或是合并一些组或项。从这种有创见的对数据资料进行的操作中,研究者明白了许多参与者的观念。通过观察参与者所能接受的组合形式,就能进一步理解他们的观点。

笔记本电脑不是一种灵丹妙药,但是它却是一个时间节约器,尤其是在研究中使用。进行多点研究的民族志学者可以把笔记本电脑带到工作的地点,并通过它把文件传送到服务器或者家用电脑。通过电子邮件的互动,笔记本电脑大大方便了从田野到研究中心的交流。在田野时,我常常把我的田野笔记连接到电子邮件,通过给自己发邮件,我可以把我的工作笔记进行复制备份,并且可以和从事多点研究的同伴们一起分享我的田野笔记。在分享田野笔记的时候,为了对那些重要的参与者和机密进行保护,我把数据编写成密码,同时使用笔名,并限制笔记的传播。

像其他所有仪器一样,笔记本电脑当然也有缺陷。机器会发生故障,因此备份数据是至关重要的,然而这往往被忽视。电池需要充电,为了在长时间的访谈或在飞机旅行时使用,买一块额外的电池是非常明智的做法。田野调查人员必须了解笔记本电脑操作系统和程序,必须正确配置足够的内存和硬盘空间。民族志学者还必须有足够的耐心去面对计算机漏洞、病毒、运行速度减缓以及系统崩溃。在使用台式机时,稳压器是必需的。但是许多同伴都忘了,同样的预防措施应该用到笔记本电脑上,来保护电脑和数据。我身上总是带着这样一个小型的稳压器。万幸的是,在冒险前往南非工作以前,我查看了我的电子通知板,我的同伴提醒我,我的稳压器只能在 110 伏特的线上使用,而非洲的标准电压是 220 伏特。这是一个很有价值的提醒:我认为自己是在保护电脑,但我或许已经把稳压器烧焦了。笔记本电脑的另一个缺点是,键盘的咔哒声有时会让人分心且在某些情境中显得冒失。然而,在大多数的情况下,一个短暂的去敏做法

(desensitization)会使访谈对象适应仪器。事实上,笔记本电脑是一个能打破僵局的东西,它有助于培养人们之间非常融洽的关系,同时也使人们习惯了它的存在。一言以蔽之,笔记本电脑或其他任何有用的设备都可以大大促进民族志工作。

我用笔记本电脑来准备和修改这本书,在飞机上、会议室里、亲戚家中,以及户外写草稿。在家、在田野或在办公室,不论走到哪儿,我都会使用笔记本电脑。笔记本电脑的强大功能和其便携性让我能够在那些一般被认为无法有效工作的时间里和环境中继续工作。然而,数据备份是必要的,尤其当笔记本电脑是唯一使用的电脑时。我的硬盘坏了,我很庆幸使用了移动硬盘和备份软件。我将备份软件恢复的时间设置在晚上11点,随后,第二天早上所有数据都已恢复在我的新硬盘里了。

台式电脑

许多研究人员使用笔记本电脑撰写备忘录、报告和文章,进行访谈,采集总体性数据,然后把所有文件上传或发送到台式电脑。有一些方便的工具可以用来机械地传送或同步文件。然而,越来越多的研究人员正在跳过传送或同步问题,用他们的笔记本电脑或其他便携式电脑作为他们的主要电脑,因为它们与大型系统电脑的功能一样强大,而且更方便。

数据库软件

以往,民族志学者从他们的头脑中和他们的笔记中搜寻模式。这种方法在研究中用来确定总的模式并指导研究者的行为实践是有效率的,然而,它不太便于检验结论的可靠性和全面性。从原来的笔记和记录中筛选资料来检视最简单的假说也要花费很多时间。

数据库软件程序让民族志学者能够通过一个按键(将一些宏命令设定在那个键上)来检测各种各样的假说,使研究中大量的验证工作变得轻松。我使用过各种各样的数据库软件来检测我对某些行为的频率的认识,检测具体的假说,并且从这些数据资料中得到新的领悟。ATLAS. ti、HyperRESEARCH、NVivo、AnSWR,以及 EZ-Text 是一些很适合民族志研究的软件程序(参看图 4.1)。

【74】

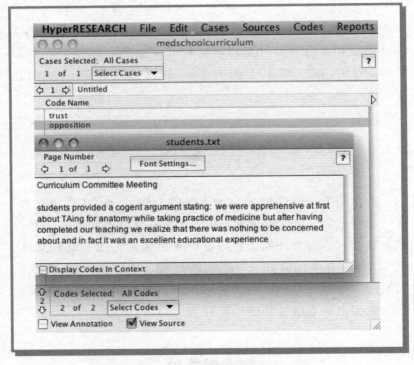

图 4.1　质性资料分析软件

这些数据库程序可用于发现预想之外的主题,另外,这些工具帮助民族志学者对资料的分类,在视觉上更直观,在组织上更有条理。FileMaker Pro 数据库软件,电子数据表和类似的程序不太适合田野记录,但是对限定性数据的设置和操作是有用的,例如,姓名、地址、性别、种族、日期和时间。

【75】

许多功能强大而灵活的系统对于那些愿意学习使用这些系统的人来说是很有效的。然而,遵循学习曲线的规律很重要,即大量地反复地使用它。切记! 杀鸡不要用牛刀。要选择最简单最适合的程序来完成一个指定的任务。数据库软件的选择应该以研究的主题或目的以及使用的便利性为基础。大多数的程序让民族志学者能够对资料进行分类和比较,其他一些程序则既有助于简单分类比较,又有助于形成理论。有用的数据库软件一定能够处理长篇的田野笔记和逐字的引述。大多数的数据库拥有有限的静态的数据组。最有效的质性软件可以让民族志学者在分析过程中修改编码系统,在最初的数据输入后,改变文本分界线和复叠编码后的文本。

在我的一些研究中,数据库程序弥补了传统田野作业实践的不足。在一个关于健康和安全部门的研究中,能源部(DOE)的数据库是必不可少的。我把该部门的(通过硬盘扫描)事故记录和常规信息,例如时间、日期、人物、地点输入到数据库。我也会利用部门系统中按身体部位分类进行的安全事故记录来输入事故的类型。我会阅读对于每一个事件的描述,然后根据与事件相关的情况输入我对每一个事件进行的分类。我把一次举抬过程中由于举抬动作造成的背部扭伤事故输入数据库。我没有从记录中找到任何有意义的按照不同身体部位分类的事故类型模式。然而,当我按不同的工作动作为基础进行数据库检查时,许多清晰的模式便呈现出来了,包括举抬、裁切、移动以及搬运等动作引发的事故。另外,分类处理确认出易犯事故的个人,标示出设计不合理的工作场所,这个过程只需花费电脑几分钟的时间。但是如果用手工分类和再分类的话,将会花去我数周的时间,我的预算不允许我花费那么多时间。数据库提供了有用的常规信息,例如,十年以内的事故类型、频率、受害者、动作、重伤地点等。数据库也会产生一些新的,更有用的方法来记录事故并使部门的人员能够对事故形成清晰的概念,这便使部门的人员能够把他们的安全训练金更有效地利用在合适的目标人群身上,包括那些事故多发者。健康和安全部门的官员设计了新的教育程序来处理那些和事故相关的行为,重新设计那些有危险的工作场所。在和谐的气氛下,分享这种信息加强了我与部门工作人员的关系。

【76】

在另一个教师教育项目的研究中,我和我的研究小组成员把访谈的数据输入 NVivo(以前的 NUDIST),然后发现了一个令人惊奇的模式——存在一个没有被承认的两级教员体制,两类人在地位和财政保障上有着显著的区别。在同一个研究中,我尝试设计一个数据库系统用来编写目录,描述和组织数码照片资料。

照相机

照相机,特别是数码照相机,在民族志研究中充当着一个特殊的角色。它们能作为一个"开罐器"以帮助快速进入社区或教室(Collier & Collier,1986;Fetterman,1980)。对大多数工业或一些非工业国家来说,照相机是普通日用品。使用照相机能帮助我与人们建立直接的关系。照相机能拍摄用于心理投射技术的照片或者它本身就可被用作心理投影技术的工具。无论如何,它们在田野观察记录中是最有用的。

照相机记录随时间变化的人、地点、事件和环境。照相机使民族志学者能创造一份记录人们具体行为的相片档案。在辍学生项目的研究中,我对学生服装风格发生的变化做了记录,这些变化是他们在研究期间行为举止发生变化的一个明显表现。照相机能捕捉朋友之间融洽相处的瞬间,或者能将一个年轻的城市男孩,在湿热的天气里,在消防栓喷出的冷水中跑进跑出的欢快,与背景中屋子的破旧简陋和街道的杂乱进行比较。在辍学生的研究中,我对极大的物质环境差异进行了记录——(这些记录)表现了巨大的经济差异——在纽约曼哈顿岛与布鲁克林之间:在华丽的联合国大厦,圣巴特里克大教堂、卡内基音乐厅和布卢明代尔的被烧毁的建筑物(参看图 2.3)、碎石堆(参看图 2.2)、涂鸦、垃圾、碎玻璃、毒贩聚焦地以及小街里偷偷摸摸的交易和小型的五旬节教堂。克利尔(Collier, 1967)解释道:

> 摄影是观察中一个合理的抽象的过程。它是进行证据提炼的一个最初步骤,它将原始情形转变成可以在研究分析中进行处理的资料。照片是现实的精确记录。它们也是一些可以进行归档和登记的文件,同时它们又可作为视觉证词。照片可被反复复制,可以在视觉范围内进行放大或缩小,适合用于许多图表的设计,并且通过科学的解读,可适合用于许多统计设计。

【77】

通过在三年的时间内拍摄到的每一个观察点的建筑物,我证实了附近的城市中心社区正在衰退。这些照片鲜明地展示了不断恶化的纵火问题。当与在田野里的合作者交换意见时,这些文件特别有用。在这个研究里,另一个调查者和我彼此不同意对方对该社区所作的描述。他认为这个区域处在正常的状况之中,但我认为它是在严重地衰退和恶化。我的同事经常坐出租车直达学校,没有在附近社区花费时间。而我却特别注意花大量的时间在附近地区拍照,在进学校之前了解周围的环境。作为证据,我的照片是令人信服的。它们都被标记,并且与地图上的位置相互对照,然后随着时间的流逝,根据衰败的严重程度制成表格。如此一来分歧很容易就解决了。

照片能帮助记忆。在分析和写作阶段,照片和幻灯片能提供田野工作者可能忘记的一系列细节。在研究的开始,通过捕捉文化情景和事件——在民族志学者对环境有全面的了解之前——图片提供宝贵的第二次机会,有助于民族志学者对事件进行解读。同样,照相机能够捕捉到人眼忽略的细节。尽管照相机是主观眼睛的延伸,但它也可以成为一个更客观的观察者,而且更少依赖田野工作者的偏见和预想。一份照片的记录可以提供田野工作者当时还没注意到的信息。照片和幻灯片无论是在教室,还是在资助者豪华的会议室里都是优秀的教育工具。在课堂上,幻灯片能生动地向学生展示一个他们在其他任何环境中未看见的世界,能有效地阐明方法和理论的要点。对研究资助者进行教育解说,幻灯片也是有用的。对举止和场所的图像展示能给人启迪,并且更能吸引听众。我那些关于城市中心社区的幻灯片——辍学项目的背景——能对基金会产生强烈的影响力,这远远超过测验评分和描述的影响。资助者能够更清楚地意识到并且理解学校要继续坚持下去不得不克服的困难。而后,他们也能够理解在这些学校里学生测验评分的得与失。

田野工作所需照相设备的基本部件包括一部数码相机、加强型电池、数据线和编辑照片的软件。有许多优秀的数码照相机可用。它们价格昂贵,但质量特别好。我通常使用一个口袋大小的高清晰度的数码相机,它可以在低照度条件下工作,以尽量减少人们的注意。我也使用数码相机来轻松地将图片传送到网络。

【78】

田野工作者应该根据自己的爱好、能力或者技术来选择。许多有用的附件从三脚架到照片打印机,从存储卡到电池都可供选择。然而,目的是选择能满足田野工作需要的工具,而不是迷失在复杂的技术之中。如果小心使用,一部数码照相机可使用数年。技术的发展将会继续大大促进摄影术的发展,但是,对田野工作来说,这不一定就会使一部照相机过时。

计算机软件程序有助于将数码照片和视频按照主题或标题整理到"文件夹"中。同样,网络存储文件归档程序,如Picasa 和 Dropshots,便于在网上和你的同事以及与你一起工作的同伴整理、分享照片和数字视频。同样的软件还可以用来"讲故事",通过使用这些图片去创建数字幻灯片和视频。我为我的许多项目制作了这种视频,并把它们发布到博客和网站上。它们帮助记录一个个关键事件,帮助那些不能参加会议的人分享小组项目,帮助那些无人问津的社区成员表露心声。在视频编辑阶段,尤其是当社区成员在视频上提供反馈时,它们也作为有用的心理投射技术来使用。

在田野工作中,使用照相机或者任何图像或音频记录设备需要得到允许。一些人会因为被拍照而感到不舒服,其他人则不愿意暴露。在以色列,和我一起工作的几个小组成员,由于一些强烈的宗教原因而不愿被拍照,原因之一就是害怕失去他们的灵魂。这个问题涉及个人的权利:民族志学者必须按照人们的具体情况,进入他们的生活,但不能侵犯个人自由。摄影通常被认为是一种侵入,人们通常很在意他们的照片,关心怎样和在哪里会被看到。拍照时得到当事人的口头允许通常就可以了。然而,要在公共场合发表和展示这些照片必须有书面的许可。即使手头上拥有口头和书面许可,民族志学者也必须磨炼自己在选择合适的展示方式与场合方面的判断力。

使用照相机也会产生问题。不恰当的使用会给人们带来烦恼,破坏和谐关系,降低资料质量。照相机也能歪曲事实。熟练的摄影师通过使用角度和阴影,就能夸大一栋建筑物的大小或者塑造一个人脸部的表情。同样的技术也能展现一个人行为失真的照片。例如,许多模仿身体攻击的喧闹的嬉戏,在恰当时机和合适角度按下快门,能展现出事实上并不存在的暴力行为。PS 图像处理软件和相关的软件可以很容易地修改和操作视觉图像。脱离了背景环境,照片就像语言一样也会使人产生误解。正如记录受访者的意见和他们所关注的事情一样,田野工作者在对人进行拍摄的时候,也必须谨慎。在照片和幻灯片变得有意义之前,在民族志学者能对文化规范做出精确而系统的记录之前,在田野里花时间是必需的。在理解一种文化规范时,照片是有用的,但它们并不是独立存在的。为了使展现的图像更为完整,田野工作者需要去学习了解一种文化的规则和价值观念[有意的歪曲,例如在数码照片上做不当的剪裁或修改显示了对事实真相十足的漠视。参见贝克(Becker,1979)关于摄影及其对有效性造成威胁的精彩论断。亦可参见视觉人类学期刊《视觉交流研究》(*Studies in Visual Communication*)和《视觉人类学回顾》(*Visual Anthropology Review*)]。

【79】

数码摄像机

数码摄像机在民族志（尤其是微观民族志）研究中作用显著。民族志学者通常需要对一个人在瞬间的手势、姿势或步态做出思考。摄像机使观察者具备了使时间停止的能力。民族志学者能录制下一堂课，反复观看，每次都能在参与者中发现新的意义和非言语的信号。随着时间的流逝，当进行反复观看或在停止的状态下进行观看时，交流中的视觉和言语模式会变得清晰。

几年前，我和一个同事使用摄像机对两个高中历史班级进行研究。一个班级主要是一些出生于社会经济底层的少数民族学生，另一个班级主要是来自中上阶层的白人学生，他们有同样的老师。我们发现，他们在教学风格和教室气氛上有很明显的差异。如何证实这些区别是个问题。不过，摄像机帮我们弄清了两个班级里发生的事情。使用摄像机，我们可以确认老师惯用的从学生口里套出信息或是让学生保持肃静的做法。摄像机同样能帮助我们识别老师对学生的种种微妙的暗示。

数码摄像机设备对于任何微观民族志研究都是必要的。把关机制（Erickson，1976）和教室政治（Mcdermott，1974）都是田野工作者在记录中能够捕捉到的复杂的社会环境的要素。然而，田野工作者必须在设备的价值和使用设备所需的时间与它将获取的信息的价值之间进行衡量。许多民族志研究并不需要细致反映社会现实的图像。此外，这个设备还特别地抢眼，即便它们大多适合手持。尽管在访谈期间摄影设备已经时有时无地使用了一段时间，但在镜头前扮鬼脸和摆姿势并不少见。

【80】

用数码摄像机最大的危险就是视野狭窄。最理想的是，民族志学者在对相关的社会群体进行足够长时间的研究以后，知道应该在哪里聚焦。在把注意力集中于具体行为之前，民族志学者也许需要用几个月的时间来形成一个合理的清晰的构思。数码摄像机可以专注于某一特定类型的行为,排除其他任何事情。因此,民族志学者可以对某个特定的文化机制有很好的理解,但对其在特定的环境下真正的作用却知之甚少。另外,摄影技术也使一个问题变得更加严重,就像在所有研究中都不可避免的那样,即人们往往只看到他们想看到的东西。在历史课的研究中,我录制了坐在教室后面的学生正在互相传递纸条或者睡觉以及一个前面的学生正在捣蛋的情形。我的同事将我的录像带和他的笔记比较,然后指出他所能记录并证明的是,在同一个班级的许多学生非常专心,并且在课堂上积极参与。这种复核和其他方法,例如让老师和学生们去回顾录像,更能帮助改进和确认我们的工作。然而这个经验给了我们一个有效的提示,我们是多么容易完全集中于录像带里的情形,而忽视大的、甚至就是小的图景。经验教给我们许多减少这些麻烦的方法——例如,隔一段时间就扫视整个教室,以避免不自觉地过度关注某个细节。

尽管视觉媒体之间有区别,但他们之间的界限难以区分,特别是数字摄影和录像。我经常使用数字图片和录像带组合成录像视频,配上叙事声音和免税的背景音乐来传达一种契合文化的且颇具意义的情境。

电影和数字视频

以往,在民族志研究中使用电影技术非常少见。在民族志学中,电影主要呈现了一个文化群体的完整图景。但并非研究者用于创作该图景的工具。成本以及电影摄制和剪辑等专业技术因素都限制了电影的使用。然而,随着数字软件如 iMovie,iPhoto 和 Windows XP Movie Maker 的出现,任何民族志学者都可以制作视频和高质量的电影。Final Cut Pro 是一个更先进的专

【81】 业非线性视频软件。民族志学者可以制作"草稿"视频,用于测试个体对社会形势的理解,这很像一个备忘录草案或心理投射技术。它们也可用在与社区成员合作时,双方共同拍摄事件和剪辑视频。这使得相关付出及成果更为有效,因为关键角色和民族志学者共同完成并植入意义。

在实际时间顺序到所记录事件的真实性之间,民族志电影都有严格的要求。赫伊德(Heider,2006)提出了一种"民族志"尺度,用于评判民族志电影的优劣(也看 Aldridge,1995;Lewis,2004;Rouch & Feld,2003)。这个属性尺度包括一些变量,诸如民族志基础、与出版物的关系、动作完整性、身体完整、相对变形的说明、技术能力、叙述是否恰当、民族志现在时、情境、族群整体性、电影制作失真(时间和持续性)、无意的和有意的举止变形(pp.46-117)。大多数民族志学者赞同,民族志电影仍然是对书面作品,或者民族志的补充,而不是其替代品(如果想了解更多的关于民族志研究中的照相机、录像机、电影制作的信息,看 Bellman-Jules-Rosette,1977;Collier & Collier,1986;Erickson & Wilson,1982;Hockings,2003;视觉人类学协会在其网站上同样有关于这个话题的最新信息)。

因特网

网络对于民族志学者而言是可以利用的最丰富的资源之一。因特网可以用来搜索一个议题、绘制场所地图(包括街景地图和卫星地图)、分析人口普查数据、通过聊天或视频进行访谈、分享研究地点的笔记和图片,通过邮件列表和在线期刊与同事进行讨论,下载一些有用的数据搜集和分析软件。因特网是指一个使用 TCP/IP 的世界范围的电脑网络。然而,对大多数的使用者来说(包括民族志学者和其他的学者)因特网是作为电子邮件和万维网出现的。前者对于这本书的读者来说可能很熟悉。在 1993 年还不曾为人所知的万维网,如今已经占据了世界流行文化的显著位置。曾经无名的 http://,现在则很普遍。万维网是通过因特网传送文件(文本、图表和音频)的标准化方法,制作一些生动的且有吸引力的图像(网页)。人们通过网页浏览器与因特网连接。

当这本书 1989 年第一次出版的时候,就是写到这里。铅笔就像亚述人的楔形字碑一样古老,照相机和电话已有 100 多年的历史。然而在 1989 年,万维网并不存在,到了这本书的 1998 版,我提供了有用的网站列表。然而,互联网上与民族志相关的信息、程序、应用程序实际上是迅速增长的,因此事实上出版时不可能保持最新信息。于是,我不断为民族志学者维护更新网站信息和相关链接资源。请用浏览器搜索"davidfetterman"找到我的个人网站了解最新的信息。

然而,在这一领域的一些巨大的进步,因其对民族志工作的效用而值得讨论,包括网络地图、电话、电视会议、调查、文件共享、数字照片文件共享、博客、协同文字处理、电子表格和网站。

网络地图

互联网地图,如谷歌地图。民族志学者输入他们计划参观的地方的街道地址,便立即生成位置方向,展示目的地的街道视图和区域的卫星图。谷歌地球提供了整个世界范围内所有位置的卫星视图。这些工具使许多场所的参观变得更容易且更有效。

电　话

网络电话软件,如 Skype 和 Jajah,使人们通过因特网免费谈话。民族志学者经常使用这些工具和同事以及田野工作中的主要访谈者谈话而不会产生长途话费。它们也同样是保持与社区成员联系的免费或廉价的方式。

视频会议技术

视频会议技术使得在全球各地的人们都能彼此看到和听到对方。可供使用的免费或廉价的软件程序,包括 Google Video Chat(部分是通过 gmail),iChat,iVisit,Skype,这些软件允许在互联网上进行在线视频会议,不需要支付卫星或长途电话费。只需要将这种软件和一个小巧且相对便宜的数码相机直接插入个人电脑,人们就可以通过他们的电脑屏幕与全球其他有相同样配置的用户进行视频会议。在和访谈者已经相对熟悉,建立融洽关系后,我会用视频会议远程进行后续访谈和观察。我还用它和民族志研究团队的同事以及工作人员商议问题。大多数视频会议软件程序有一个"聊天"的窗口,让参加者互相交流[*1]。一些视频会议程序设有"白板",允许用户在屏幕上的虚拟白板上绘制图表。我曾在一块"白板"上图解我对一个地方组织层次的理解,我的关键角色当场用"擦除"或"取代"我的一些线条和添加自己的线条来纠正我的图表(更多细节内容请参看 Fetterman,1996a,1996b;也看 Bonk,Appleman,& Hay,1996)。

【83】

视频会议技术在休利特帕卡德资助的一个一千五百万美元的数字鸿沟项目中发挥了作用(Fetterman,2004a)。该项目旨在帮助人们"跨越数字鸿沟",还专门在印第安人聚居地的内部和外界建立了无线通信。在整个项目中,视频会议促进了沟通。此外,斯坦福大学的民族志学者和数字部落村的印第安人进行的视频会议交流的数码照片也表明该项目是成功的(参看图4.2)。

在线调查

基于互联网的一个最有用工具的就是在线调查。如同过往的做法一样,民族志学者可以与当地社区成员一起讨论设计调查表。然而,这不是通过邮寄调查表复印件,而是提醒人们

---

* 当电话线或无线电质量严重不好时,特别有价值。

图 4.2　费特曼在斯坦福和印第安人进行视频会议

完成它们,然后把数据输入到数据库中来实现的,在线调查使
这些事情能一步到位。人类学家可以在当地社区的帮助下设
计一个调查表(确保这个调查内容是当地所关切的问题,而且
是用人们可以理解的语言来表达,调查可以张贴在网站上。民
族志学者可以通过电子邮件说明调查表的所在位置。社区成
员去完成它,提交的瞬间(在回答所有问题后按下一个按钮),
数据就被发送、编辑,最后直观地呈现成条形或圆形统计图。
社区成员即刻就可以共享这个结果。这极大地节省了时间,还
可以促成社区成员参与其中,并帮助他们实施自己的调查(参
看图 4.3)。反对在线调查的一个观点是,并不是所有人都能使
用到电脑,而且有些人有电脑恐惧症。他们的需求应该得到尊
重。然而,即使 25% 的人拒绝使用这种媒介,民族志学者也可
以使用传统的打印件的方式,甚至在访谈他们后把数据输入到
同一数据库中。这依然免去了民族志学者输入 75% 的人的原
始数据所耗费的时间和资源(参看 Best & Krueger,2004;Ritter

【84】

& Sue,2007,关于在线调查)。

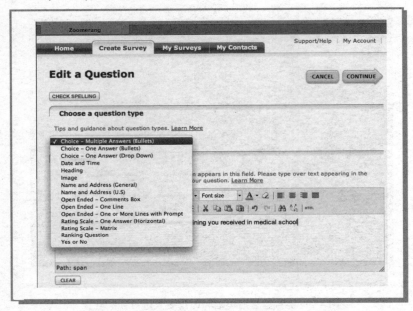

图 4.3　在线调查设计选项

文件共享

　　我也会在网上设立虚拟办公室和办公场所来和同事分享备忘录草稿和报告。就像在个人电脑上一样,有关一些特定话题的文件夹也可以在网上创建。同事们只需要用一个有线的或无线的调制解调器进行连接就可以在世界的任何地方、任何时间得到这些文件夹。这些文件夹有助于组织和整理这些话题和评论,而邮件列表服务器和电子邮件虽然也能完成同样的任务,但是他们会把电子邮箱打乱,这样,要想找回一些评论或把这些评论与和它相关的文件相连接就变得困难。

　　文件共享能促进文件和项目的交流。文件传送协议(FTP)软件,如 Fletch,可以通过因特网把文件和程序从一台电脑传递到另一台电脑。Telnet、iChat 及 Teamview 软件能让你与其他的电脑联机,这样你便可以使用它们的程序和数据。我通

【85】

过 iChat 的"分享我的屏幕"和"共享远程屏幕"选项在我的同
事们的电脑桌面工作(经过他们的许可)。我也用 Teamview 向 【86】
我的东海岸同事呈现我的初步研究结果,同时,向我在西海岸
的团队成员展示同样的结果。我用软件通过互联网将我的电
脑与他们的电脑连接,我的东海岸团队用一个液晶投影显示我
在西海岸的电脑屏幕。在一项较早的研究中,我们使用一个程
序,让这个地区的学生(有可能遍及全世界)来观看一个科学
实验———一张池塘(三个深度的)全天气温变化曲线图。他们
能看到数据,但不能操作程序。这些程序可以使民族志学者交
换数据库,包括实验访谈和温度记录。

数码照片文件共享

数码照片可以存储在网络上,使用 Picasa(免费图片管理工
具)或 shapshot(快照)。民族志学者经常在现场拍照,然后将其
存储在网络上。他们邀请社区成员和项目工作人员以及参与者
登陆网站去访问照片。这样做是为了确保得到授权使用特定的
照片,为访问社区成员时提供互惠,也可以和不同地方的民族志
团队成员一起分享。许多这些文件共享网站可以编辑照片、制
作简单的幻灯片、打印照片。当民族志学者回访时为了唤起共
同的回忆,为了实施心理投射技术,和/或想提供选定的照片作
为礼物,这项功能就尤为有用了。我经常使用这些网站与我的
团队成员分享照片,帮助我们对白天的观察产生新的见解和假
设,确认或至少排除竞争性的假设,并创建一个具有评分者一致
性(inter-rater reliability)的可视化形式。

博 客

博客,源于"网络日志",是一个关于某个人、某个项目或主
题的连续评论。民族志学者使用博客的原因是多方面的,包括
个人日记(在他们进行实地调查时帮助他们记录自己的感情和
偏好),民族志的团队工具(在创建的网站上记录和分享观察
和认知),用以了解参与者或社区成员对他们的文化和特定事 【87】

件的看法的工具。我写大量的博客帮助记录我们的工作,使其透明且开放地向对世界各地与我们一起工作的社区成员呈现。例如,在阿肯色州控烟项目中,我们使用博客分享图片和记录协议。它以正在进行的方式记录着我们的工作(这对资助者和新参与者特别有益)。它也会为社区带来信任,因为这是一扇对我们的研究、采访、活动开放的窗口。(参看图 4.4)

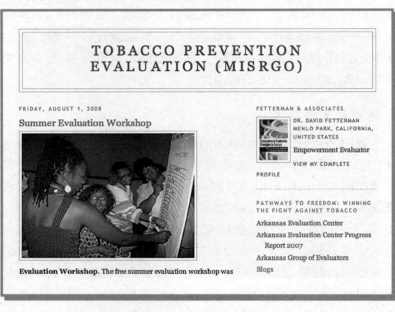

图 4.4 阿肯色州控烟博客

协同文字处理和电子表格

民族志工作原本是一个孤单的个人追求,然而,现在越来越变成了一个群体性或合作性的工作方式,这涉及多学科团队、社区成员、工作成员等。协同文字处理和电子表格,如Google Docs(谷歌办公套件)或带有 SharedView(屏幕共享软件)的 Office Live Workspace(在线文档存储服务),为民族志学者提供了一种在田野中与人们以及在文章中与同事们密切工作(合作)的工具。相比之下,Word 文档的传递路径是同一团队中人对人(person to person)的方式,而基于互联网的文字处理工具则提供给社区成员一个机会,使其能编辑或至少以正在进行的方式评论你的工作。当你正在编辑的同时,他们就能打印你的文档。同样,一个民族志研究团队的成员们可以将数据输入电子表格(运用公式自动计算并重复计算数据),而不是低效率地把所有资料让单个人输入(在等待数据输入时已然阻碍了整个团队的工作),这个工具可以让每个人在同一时间输入数据,尽管他们可能在远程操作。

合作网站

博客允许一个人去型塑和掌控类似网页一样的页面的整体设计和内容。其他人可以跟帖评论。然而不像博客,合作网建可以使社区成员、项目工作人员和参与者以及民族志的同事在同一个网站创建他们自己的网页。他们可以在自己的页面上提供他们的个人简介、兴趣和图片。他们可以附上相关文件。我已经在各种环境中使用过合作网站,从斯坦福大学医学院(促进医学教育研究团队)到阿肯色州的控烟团队(记录团队获得的效果)。该网站成为这个团队发布公告、讨论问题、记录工作、张贴结果、突出重要事件的一个有用的基地。这些汇集了文化知识的宝库对民族志学者来说是丰富的资料来源。通过合作网站,民族志学者能学会更多关于该群体的特有语言和优先事项(当他们在网站中创建关于自己的叙述时)。(参看图4.5)

数代民族志学者进行实地调查时都没有利用笔记本电脑、台式电脑或互联网,而且一些人将继续这样做。然而,对大多数学科而言,这些工具已是不可缺少的,今天只有少数人类学家在研究时没有使用计算机或网络工具。不过,电脑和互联网也有局限性:它们仅仅如同用户输入或检索的数据。它们仍然需要民族志学者用眼睛和耳朵去判断收集什么和如何记录,以及如何从文化的角度解释数据。[参看 Schwimmer, 1996,在《当代人类学》(*Current Anthropology*)或互联网上对互联网人类学的评审和评价。Allen Lutins 收集了一份互联网上的人类学

【90】

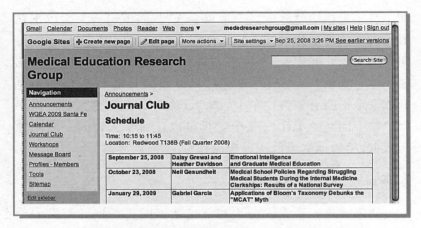

图 4.5 合作网站(斯坦福大学医学教育研究团队)

资源列表。此外,Fischer,1994,提供了一个出色的关于民族志
学者应用计算机的讨论。Brent,1984;Conrad & Reinharz,1984;
Podolefsky & McCarthy,1983;和 Sproull & Sproull,1982,也提供
了关于在民族志研究和定性研究中计算机应用的有益见解。
"计算机辅助人类学",1984,《应用人类学》(*Practicing
Anthropology*)的一个特殊章节提供了另一种有用的关于民族志
研究中计算机的探讨。关于定性分析软件的网络搜索将提供
更多的最新信息。]

【89】

本章提供的民族志设备的简要回顾肯定是不全面的。例
如,许多新的计算机辅助工具提供研究对象的三维图片,对人
类学家研究太空探索的工作是一个非常有用的工具。然而,这
里所讨论的工具是一个民族志学者在田野中将经常使用的。
作为民族志学者感觉和能力的助手,他们减轻分析任务的困
难,而这是第 5 章的主题。

注　释

1　虽然人们对现在正在使用的网络带宽诟病多多,但下一代互联网及互
联网 2 代将使用高速光纤、共轴线缆或者卫星传输,以及更高质量的软
件,这将大幅度提高网速。视频会议将从这些进步中获益匪浅,从而在
不久的将来成为计算机交流的"平常"模式。

【91】

5

走出森林之路:分析

我去森林因为我希望只需要面对生活中的基本事项
从而惬意地生活,并且试着去学习它教导给我的东西。
——亨利·大卫·梭罗(Henry David Thoreau)

分析是民族志研究最吸引人的特色之一。它从田野作业
者选择课题研究的那个时刻开始,直到民族志研究或报告里的
最后一个字结束为止。民族志研究包括多个不同层次的分析。
有一些很简单且不正式,另一些则需要精确的数据。民族志研
究的分析是建立在整个研究的想法上反复进行的。在田野中
的资料分析使民族志学者能清楚地知道用什么方法,什么时候
用,怎么用。分析是对那些假说和对构建一个关于社会群体正
在发生什么的精确观念框架的预想的检验。民族志研究中的
分析是对民族志学者的一场测试,就像是对数据的检验一样。

田野作业者必须从成堆的数据、理论、观察报告和被扭曲
的事物中找到一条路。通过分析,民族志学者必须在有逻辑的
和诱惑人的道路之间,在那些有用和无用却吸引人的资料之
间,在那些真正的行为模式和一系列的表面上相似却有区别的
反应之间做出选择。做出正确的选择需要判断力、经验、直觉,
以及对细节和更大的背景的关注。在错综复杂的分析中,最好
的向导是最明显,同时也是最复杂的策略:清晰地思考。

思　考

　　首先,分析是对民族志学者思考能力——对信息进行有意义的和有用的加工——的一个检验。民族志学者面对众多复杂的信息,需要一一理解它们。分析的最初步骤是简单的认识。但是,即使是简单的认识也是有选择的。民族志学者从田野中的所有资料中选择和分离信息。民族志学者个人的方法以及各种学术的理论和模式,集中和限定了问题的范围。然而,田野给出了大量的材料,在理解人们每天的交互行为时,基本的思考技巧像民族志研究的概念和方法一样重要。

[93]

　　集中于一个相关的,可驾驭的主题是很重要的,并且通过精细的分析也是可能做到的。但是,田野作业者必须通过对资料进行对比和比较,并努力把这些资料运用到更大的迷题上来探究这些话题,与此同时,对最合适的和最合理的图景进行假设。

　　民族志学者采用许多有用的技术,从三角测量到使用数据软件程序包来弄清那些成堆的资料。但是,所有的这些资料都需要谨严的思考能力——尤其是,一种综合处理和评价信息的能力——和大量的常识性知识。

三角测量

　　三角测量是民族志研究的基础。它是民族志研究正确性的关键所在——检验一种信息的来源,去除一种可供选择的解释,证明一个假说。通常,民族志学者通过对比信息的来源来检验信息(和信息分享者)的品质,从而更彻底地理解参与者在社会中所扮演的角色,最终对整个形势进行审视。

　　在我对辍学生的研究中,学生们常常把他们的分数给我

看。一位年轻的朋友告诉我那个学期他得了全 A。我把他的
口头信息和手写的成绩报告单和向他的老师、同学询问的结果
做了对比,发现他的成绩的确很优秀,但是从他老师和同伴那
里得到的信息表明他存在一个"态度问题"。按照他们的观点,
"他脑子里只有成绩。"但是,一个项目的得分(好的分数)会产
生一个带来许多问题的负面的影响(一种傲慢的态度)。这个
结果和另一个目标得分相冲突:在一个项目中与他人合作的和
谐关系。这条信息对我理解这个项目的优点和缺点是极其有
用的。在这个案例中,三角测量不仅证明了该学生成绩确实不
错,而且也让我们了解了他在班上的状况是怎样的。这个信息 【94】
在我们往后的谈话中相当重要,因为他所提供的资料如果用传
统的询问方法来验证是非常困难的。自然地,在这个例子中,有
了一个意外的结果,这就是对这个学生在项目中的综合进步或
进展以及对整个项目的全面合理程度进行了额外证实。

　　三角测量适用于任何话题、任何背景、任何级别。用于研究
高中教室和用于研究更高级别的教育行政机构是一样有效的。
它的窍门就是在分析中比较可比较的内容和数量。在研究高校
机构时,我常常把我的分析单元分解成不同等级的小单位,例如
学校、院系和实验室。然后,我选择在最初检验时期出现的人们
关心的最有意义的内容。在整个研究中,我关注这些内容,通过
与田野中的人们一起工作来改进我的理解。我证明了一些假
说,认识了一些问题的新特征,同时通过不断地运用三角测量来
验证信息,我把我对一个地方是怎么运作的这一思想具体化了。
之后,我对一个教员的信息使用三角测量,并把这些资料推广到
整个大学研究范围。

　　一位教员抱怨在资金中断时期,他的实验室在两次研究经
费到位之间的空档中没有得到资助。于是我便查阅了一些以
往的记录,和其他几位主要调查者面谈(了解他们对这种情况
的看法),我还访谈了其他几位教员(想发现他们在过去的危
机中做了些什么),综合情况表明该教员的担忧具有普遍性。
资金危机的直接影响就是研究项目无法继续进行。项目的主

持者没有资金支付给研究者,一个研究项目就有可能会彻底停止。把这个教员的抱怨和其他教员的抱怨以及内部的备忘录进行对比发现,资金对实验室来说,的确是个很大的问题,值得进一步调查。另外,对政府机构官员和大学系主任的访谈表明,从官僚主义的角度来看,这其实只是一个文书工作的问题。由于这样的官僚体制结构,导致教员们在申请研究经费时出现了延误,从而耽误了研究项目的进展。因此,问题的症结是如何处理这些被延误的文书,而不是在于讨论缺乏拨款时该怎么办。这二者之间的差别是巨大的。在多数情形下,实验室会得到资金援助的许诺,并且,研究项目的主持者最终会获得这些资金。一个系主任表示,他已经意识到并且正在解决这个问题。不幸的是,他从来不跟其他的系主任、部门主任或研究项目的主持者讨论这个问题。因而,那些研究项目的主持者和他们的研究者就一直为之烦恼的根本只是一个文书问题。另一【95】个在三角测量工作中浮现出来的更大问题是学校内部和学校之间以及各政府机构间缺少交流,它们互不知情。因此,三角测量的附带产物和其在证实信息时带来的原初价值是一样有用的。

三角测量总是能提高资料的质量和民族志研究成果的精确度。在我对急诊室的研究中,三角测量在消除一个最初的误会中所起的作用是无价的。在一次访谈中,某位科室的副主任抱怨一位医生说:"如果你想找到骗子,你应该看看亨利。他工作的时间只是应工作时间的一半,但却拿双倍的钱。"这个信息的来源是可信的。但是,我觉得有点奇怪,考虑到他在这个医院内所担任的角色,他居然没有对这件事情做出任何行动。幸运的是,一个图书管理员偷听到这位副主任的评论,第二天就把我拉到一旁对我说:"我想你应该知道亨利是我们最好的医生之一。这位副主任恶意攻击他的唯一原因是亨利目前正在和他的前妻约会。"之后,(我们)发现这位副主任的前妻在亨利换班时去接亨利,并对时间记录进行复查,对护士和主任进行了访谈,这些都证实了这个人所提供的信息。在这个案例里,这些偶然发现的意外收获和有系统的三角测量在对事实的检验和了解真相中所起的作用是相当重要的。

三角测量可以在谈话中自然地发生,就像在深入细致的调查工作中发生一样。然而,民族志学者必须在微妙的语境中确认它。最近在华盛顿和学校主管们的讨论说明了这一点。一个管理这个国家中最大地区之一的知名主管解释了为什么学校的规模对教育没有影响。他说,他的地区有一所拥有1 500名学生的学校和一所拥有 5 000 名学生的学校,对此他感到骄傲,而且学校的规模对校风、教学程度以及他的管理能力都是没有影响的。他也解释道,明年他将必须建立两三所新的学校——或是三所小学校,或是一所小学校加一所大一点的。一个同事打断了他,问他更喜欢哪一种。这位主管回答道:"当然是小的,它们容易管理得多。"这次的回答与他自己先前的观点相抵触。尽管行政部门的意见是规模没有影响——无论单位是大是小,管理就是管理——但是,这位主管在回答这个不经意冒出来的问题时,表达了一个非常不同的个人观点。像这样以被访谈者所说的话来支持或推翻他自己先前的立场的自我三角测量形式,对于衡量内部一致性是相当有用的方法。之后,这位行政官员的评论继续破坏着他的官方立场。他说,这个小学校的学生抱怨由于学校的规模,他们没有体育活动的空间。虽然人们对理想的学校规模持不同的看法,但是规模问题是各方关注的重要的焦点——从学生到主管。这一类型的信息使民族志学者获得了一个处理(问题的)方法,这个方法有助于民族志学者理解一个群体的基本思想和价值观。(参看 Flick,2009;Flick, Kardorff, & Steinke,2004;Webb et al.2000,关于三角测量的详细讨论) 【96】

模　式

民族志学者寻找思想和行为的模式,模式是民族志研究可靠性的一种形式。民族志学者看见思想和行动的模式在各种情形下被不同的"演员"重复。寻找模式是分析的方式之一。民族志学者开始时面对许多不可区分的想法和行为，然后搜集信息，做比较，进行对比，把这些信息按照大小范畴进行分类，直到思想或行为可以得到辨别为止。下一步，民族志学者必须倾听和观察，然后把他所观察的结果与这个界定不清的模式进行对比。除非有规律出现，以及关于主题的类别是明显的，这些类别有助于为所观察的活动下定义并澄清其意义。然而，这个过程要求进一步地筛选和分类以便能够在各种不同的范畴间做更适当的配对。最后，该主题会浮现出来，并包含了那些模式（从事实中抽象出来的）和所观察到的事实相配对的部分。

【97】　任何文化群体的思想和行为模式都是交织在一起的。当民族志学者完成分析并确认了一种模式时，另一个分析和确认的模式就出现了。然后，田野作业者就比较这两种模式。实际上，民族志学者同时致力于多个模式的工作。当民族志学者提升概念时——混合、比较这些模式，并建立理论时，理解的程度就会呈现几何级数增长［参看格拉泽和斯特劳斯（Glaster & Strauss，1967）对于基础理论的讨论］。

　　观察一个中产家庭的日常活动，可以看出一些模式。一对夫妻每天把他们的孩子放在托儿所，然后去上班。他们每隔一周收到他们的薪金。到杂货店购物、洗衣这些惯常的事情每周都在发生。把这些初步的模式合并到一个有意义的整体中会使其他的模式变得明晰。夫妇必须同时做全职工作以应对养家糊口所带来的紧张与压力，哪怕是一些平常小事也要精心计划和安排，在这种背景下，其他的一些日常行为和习惯会变得更具含义、更加可以理解。通过分析这种被列入模式的行为，以及分析这些模式本身，观察者可以对整个经济系统产生初步的印象。民族志学者观察和分析日常生活的模式的时候，就好像是用不同的图案编织成一整幅花团锦簇的人类学织锦，这样，他们就可以更深地理解和欣赏文化（参看 Davies，2007，p. 146；Wolcott，2008b）。

使用第 4 章讨论的那些数据库程序,例如 ATLAS. ti, HyperRESEARCH, NVivo, AnSWR 以及 EZ-Text,使确认和比较模式以及建立理论的过程便利了许多。举例来说,我使用 ATLAS.ti、HyperRESEARCH 软件来组织原始田野笔记和搜索模式,我可以通过其中一种软件来搜寻所有田野笔记中的关键词或词组。所有的例子(在每一个被找到的段落的语境中)被合并成一个文件,并加以评审和讨论以便确定是否每一个例子都合适,或者是否这些例子的语境是相似的。另外一种方法是,以段落的意思为基础,在田野笔记中标记出具体的段落来。这个方法通常被看作资料编码。它比文字的搜索要费时间,但是它更加精确、更加有效。搜索段落,并把它们进行分类会产生一个有关相似案例更为精确的清单。民族志学者可以量化他们田野笔记中某个主题出现的频率,可靠性也因此得以提高。例如,在一个教师教育项目的研究中,民族志研究小组搜索"帮派"的密码,发现在田野笔记中有许多与"帮派"相关的信息,这些笔记在我们的资料中建立起了一个清晰的模式。该软件生成一个列出所有例子的"报告"。它可以让我们建立子类别,并且也有利于创建"帮派"的子类别。该款定性数据分析 【98】软件也以树形等级的格式来组织资料,让我们在建立一个我们正在研究的项目的图表时,可以看清这些部分是怎么匹配的。

数据库软件程序通过组织数据,为模式的确认建立一个平台,由此你一眼就可看出你拥有什么,它在哪儿,以及你怎么对它进行分类。另外,它有助于弄清民族志学者脑子里一直在做的事:分类、比较、搜索模式和建立模式。在一些方式下,通过把编码、搜索以及分类的过程相连接,这个软件可以有助于清楚地确认和分析模式。这与为一本书建立一个索引类似。某些模式经由对某种想法或某个作者的页面引文出现的频率而呈现并被归档。数据输入和编码并不比编写卡片索引或创建一个索引花费的时间少。然而,用手工进行分类费时又费力。使用数据库程序时,数据一旦被输入就很容易被迅速分类。数据库软件提供了一个系统的三角测量形式,并通过提供直接获得

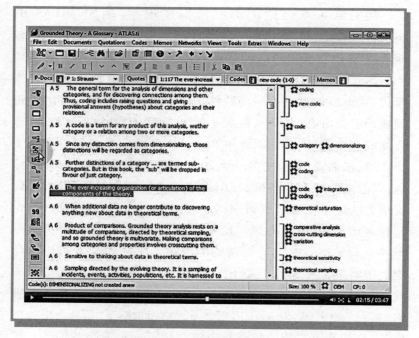

图 5.1　定性数据分析的数据分类

语境中原始数据的途径和及时注明条款的出现频率,使民族志学者保持诚实。

图 5.1 展示的是 Atlas.ti 数据分类结果的简要说明(电脑屏幕显示)。这个软件帮助研究者处理大量的数据,跟踪在这个阶段和在整个计划中出现的种类。

关键事件

关键或焦点事件是发生在每一个社会群体中的,田野作业者可以用来分析整体文化的事件。格尔兹(Geertz,1973)很有说服力地使用斗鸡来理解和描述巴厘人的生活。关键事件以各种形式出现,其中有一些更多地是在讲述文化,但是所有的都为分析提供了焦点(也请参看 Atkinson,2002;Geertz,1957)。

关键事件就像快照和录像带一样,准确地传达了丰富的信息。其中,一些形象生动地描述了社会活动,而另一些则包含了大量的潜在信息。一旦这个事件被记录下来以后,民族志学者便可以扩大或减小影像的任何部分。有关该社会现象的基本知识能够帮助民族志学者对关键事件进行推断。在很多情况下,一个事件就是一种生活方式或是一个具体社会价值观的隐喻。关键事件为审视文化提供了一面镜子。这些事件包括常规的安息日祷告仪式和对一个小型合作农庄失火事件的应急反应。安息日祷告是每周都要发生的重要仪式。正式的着装(或者不穿正装),祷告仪式的安排,以及在这个仪式之后的 【99】一些社会活动是宗教文化生活的浓缩。火灾是一件迫使民族志学者同时进行观察、分析和行动的关键事件。参与型观察者的义务和责任是相互抵触的。最理想的立场是观察和记录在那个场景之下发生的事,但是作为一个参与者,研究者有道德上的义务去帮助救火。然而,这种义务并不相互排斥。通常,研究者会根据危险程度,与一特殊群体在田野中交往经验的多少,一般该状况下的行为规范来衡量选择在合适的时候参与到(救火)行动中。在农庄房屋发生的大火使每个人都冲出房间,组成一个水桶小队,直到消防队的到来。在这样的情况下参与,要同时进行观察和分析。在这样的危机中,非正式的领导阶层所起的作用是显而易见的。这个事件也是对群体合作的一个检验。救火人员技术的熟练程度显示了他们知识、价值 【100】观、经济资源以及与主流社会交往或孤立的程度。另外一些罕有事件,比如丧葬、婚礼,或为一个人举行某种仪式,也为进行深入分析提供了很好的机会。

当今办公室中的一个经典的关键事件就是表决。在绝大多数办公室,计划都是以动议的方式提出的,例如一个新项目、新措施或新政策,提供证明并将想法付诸表决(正式或非正式的)。此类关键事件中,存在着持续几分钟或者几小时的忠诚、党派界限、非正式但表面看来极为协调的等级秩序及高度程式化的行为方式,它们揭示了该事件所处文化的众多内容。例如，我曾观察过的某所医学院的课程会议，一项议案一经提出，教师和学生随即被分为两派。该项动议乏味可陈，相形之下，由此引发的人为戏剧性事件却颇为有趣。表面的分析也许会表明当中的许多观点是漏洞百出或离题万里，同样的分析甚至会得出提出倡议的某人得到了自相矛盾的结果。然而，深度分析（聚焦于权力而非逻辑）也许能揭示出该场辩论展现了参与者有机会象征性地表露忠诚或蔑视权贵的图景。这一关键事件提供了有关该校权力架构的惊鸿一瞥，相较于逻辑性内容，揭示了更多关于权力、等级秩序、党派拥护的内容。不一会儿，该校的整个政治架构就经由这一关键事件公之于众。

　　当代办公室生活中的另一个常见的关键事件是电脑的分配。在这种情况下，人们展示出社会生活中被隐藏的方方面面。通过行动和备忘录，正式的和非正式的等级变得明显。由谁来决定谁将拥有最新款的电脑呢？某人所使用的电脑款式或操作系统是如何影响他或她在办公室的存在感和分级的？谁会把最新款的电脑首先当作一个地位的象征，而后才当作一个工具来使用呢？那些与电脑无关的，并且在日常交流中被掩藏了的紧张关系，在这些事件中展现了出来。观察担忧这种技术的人和支持这种技术的人之间的不同，员工是怎样接受或拒绝电脑，当个体转而依赖于相互的技术知识时盟友关系如何转变，以及电脑的使用如何改变这个群体的社会动力，可能是一项非常消耗时间和精力但发人深省的工作。

　　例如，在 CIP 项目的一场篮球比赛中发生的打架事件。表面上看来，这个关键事件表明了这个社会群体以及场合的易冲撞性。在更深的层次上，这次打斗揭示的是这个项目的社会动力。打架的两个人中，一个已经在这个球队中待了一段时间，另一个则是新来的。这个新人威胁说要让他的群体接管这个项目并把它"搞垮"。老的成员则维护这个项目，像他的同伴一样，把它看作一个"大家庭"。这样，他用一个大家都可以理解的方法保护了这个项目。这次打架实际上成为两个群体间更大矛盾的缩影。这也是该项目中一个"成年礼"似的事件：对于新的参与者来说,它展示得更多的是忠诚而不是打斗本身。

关键事件对分析极其有用。它们不仅帮助田野作业者理解一个社会群体,而且反过来,田野作业者可以用它们来向别人解释文化。这样,关键事件就变成了文化的隐喻。关键事件也解释了在田野作业中参与、观察和分析是如何复杂地联系在一起的。

地　图

在民族志研究中,视觉性描绘是一种有用的工具。画一幅社区地图可以检验民族志学者对那个地区自然布局的理解。它也有助于民族志学者画出一条通往社区的道路。像写作一样,绘制地图迫使民族志学者把现实抽象并压缩到一个可操作的范围内———一张纸上。绘制的过程也可以使意象、关系网络和理解具体化,并指明一条探索的新路。地图、流程图和网络图(矩阵,matrices),都有助于明确和展现那些统一的信息。

流程图

流程图在生产线式运作的研究中很有用。用流程图画出一个研究型图书馆中一本书的经历,从在货运码头被接收一直到被分类上架,可以为理解这个系统提供一个基准。在对社会福利项目进行评估时也常常使用到流程图的概念。绘制信息和活动流程过程也可用来引发进一步的讨论。

【102】

组织架构图

正如第 2 章"结构和功能"中所讨论的,绘制组织架构图——关于一个项目、部门、图书馆或者以色列集体农庄的——是一个有用的分析工具。如绘制地图和流程图一样,绘制组织架构图用同一种方式检验民族志学者对系统的了解。正式和非正式的有组织架构的等级制度可以被画成图表进行对比。另外,组织架构图可以衡量人们加入或退出组织,以及在其中升迁或贬谪时产生的变化。这些组织架构图清楚地解释了在任何一个人类组织中制度形式的结构和作用。

网络图

网络图(矩阵,matrices)用一种简单、系统的图示方法来对数据进行比较和对比。研究者可以比较各种信息,并为这些信息编写参照注释,以此来构建一张包含一系列行为或思想类型的图画。网络图也可以帮助研究者确认数据中出现的各种模式。

在我对国家资助的艺术项目进行研究的第一阶段中,网络图的结构是很有价值的。艺术项目分为不同的种类,诸如音乐、舞蹈、戏剧、绘画和雕塑。这些种类在电子表格程序中就变为纵列的条目。横排由其他种类组成:地理位置、大小、资金、合伙人以及相关的变量。我把具体的项目放入合适的表格中。这个操作(使我)马上获得了不同项目变化范围、每一个门类下含的项目类型、地理集群,以及其他有关信息的概览。另外,这些数据有助于我在人群中选择一个更小的、等级鲜明的群体进行深入的田野作业。

同样地,网络图在我的辍学生研究中,也能帮助我确认在现场发生的主题内容。关键事件及仪式会被记录在合适的表格中。依据学期安排日历,对网络图进行设计,我可以记录这些变化。研究者可以在纸上手工画一个网络图,也可以用表格文档开发(纸上或者电脑软件),或者借助数据库软件程序(参看Handwerker,2001,p.222;Miles & Huberman,1994,对定性研究中网络图使用的详细陈述)。

内容分析

　　民族志学者用分析观察行为的方法来分析手写资料或电子资料。他们在文件中进行三角测量来检验其内在的一致性。【103】他们努力尝试发现文本中的模式,寻找文字中记录的关键事件。

　　内容分析是用于分析诸如报纸、杂志、电邮、报告、书籍以及网页等书写文本的方法论。定量方法通常包括逐字测量某条新闻栏的长度(与同张报纸的其他新闻栏相比较),计算某段文本的文字多少来彰显其相对重要性,计算文本中某个词组或术语出现的频率,及/或记录其在广播或电视节目中出现的次数。定性方法则专注于那些关键词组、术语、财政数据所暗含的意向性或象征意义。这就需要编码数据并解释伴随文化背景出现的行为模式。内容分析中潜在假设即某个词组或主题出现频率(或者没有)反映了它对于该团体或文化的相对重要性(参看 Graneheim & Lundman,2004;Krippendorff,2004,p. 87;Lieblich,Tuval-Mashiach,& Zilber,1998;Neuendorf,2002;Roberts,1997;Stemler,2001;& Titscher,2000,p.224)。

　　辍学生项目研究产生了大量需要评审的笔头记录:教学和咨询手册、行政指南、研究报告、报刊文章和成百份的备忘录。对内部文件进行仔细评审,以确定它们是否与项目的基本原理有内在的一致性。评审的结果显示了一项重要的模式。例如,这些项目中宗教的作用是很明显的。相关文献里也提到这个项目应归功于"宗教领袖的直接参与"。契约常常会指定一个教堂作为项目实施的场所。组织领导者(部长)的信件也会以牧师的口吻写成。

　　同样地,在结合项目的公共文件和每天的观察进行研究以后,要发觉项目的基本原理是不困难的。这个项目信奉一种自

助的、中产阶级的带有清教徒道德标准的生活方式。这个项目
的小册子包括常规的"工作道德""个人对成功的责任""市场
技能"等相关信息,并能使被剥夺权利的人"索要他们的经济
收益份额"。在许多情况下,我记录某些词语来确定它们在文
本中出现的频率。我常常从这种频率和语境中推断一个概念
的意义。该项目的文章、期刊和备忘录记录了诸如公民权立
法、反法庭歧视案件、种族事件以及地方种族事件这样的关键
事件。这个组织在这些事件上的官方立场表明了这个组织的
政治观和基本价值观。

【104】 民族志学者可以用分析书面文件的方法准确分析从电子
数据中采集的资料。由于这些材料常常储存在一个数据库或
储存在一个能够很容易就转化为数据库的文件中,因此进行广
泛操作——分类、比较、对比、总计、综合——相对要简单得多。
在我对高等教育的研究中,大多数的内容分析都是在网上或是
在把其下载到一个数据库以后进行的。从网上的会议纪要、预
算、讨论和政策陈述(以及草案)中,可以很容易就发现管理的
理念。对部门预算的一个简要评审可以获得关于其价值观的
重要信息:人们把钱投入到自己关注的领域。把进行内容分析
所得到的资料和访谈、观察到的资料进行比较可以大大提高研
究成果的质量。

统　计

民族志学者常常搜集频率形式的统计数据("主任几次把
员工称作'家伙'",以及"一个帮派分子在六个月之内几次改
变手势"),等级形式的统计资料("在这个组织中,六个行政官
员按权力大小如何排序?")或者量化名称形式的统计数据
("不可知论者记为'1',基要主义者记为'2',诸如此类")。
像社会学家、政治学家,以及其他许多社会科学家一样,民族志
学者很少采用广为通行的计量标准,例如物理科学中的克-厘

米-秒的体系,甚至心理学家的智商标准和测试分数。由于这样的衡量方式,民族志学者通常采用统计学的分析方法,比起心理学家,经济学家使用的变量分析,t 检验和回归分析,更多的是像社会学家的卡方列联表分析或是等级相关和自由分布测试(Friedman Rank 等级测试,Mann-Whitney U 测试,等等)。

人类学家通常使用类别尺度(nominal scale)和顺序尺度(ordinal scale)。类别尺度包括一些独立的类别,例如性别和宗教。顺序尺度不仅包括独立类别,同时还包括每一个种类中在一定范围内变化的变量——例如犹太教中改革的、保守的,以及正统的变化。然而顺序尺度并不能确定子类的差异程度。

格特曼(Guttman,1944)量表,即众所周知的累积量表法或称为量表图分析法,就是其中一例,它是民族志研究中一个有用的顺序量表。在研究民间药物治疗时,我使用格特曼量表,用图表解释社区中大多数支持者和反对者对使用现代西药态度的变化。格特曼量表中对年龄、受教育程度、移民身份和相关价值体系等变量的相关性研究,找出了那些对有关另类药物治疗习惯的教育资料有浓厚的兴趣的人群。这个信息提供了一个目标群体,并显示了一个在尊重那些对深入了解现代药物治疗不感兴趣的人的愿望同时,有效地使用有限的教育资源的例子(参看Pelto,1970,关于格特曼量表的再讨论)。 【105】

李克特量表比格特曼量表在可靠性、正确性上要先进,并且更容易使用。典型的李克特调查量表是以五分等级体系为基础的。例如,有关“在保障就业中给予支持和引导”的话题,分为优秀五分,满意三分,不好一分等级别。李克特调查量表容易控制,它的分析由对模式、方法和范围的计算组成。调查的问题以个人访谈和焦点团体为基础,并把所提的问题建立在学生对这个项目的认识之上。这个调查在某种程度上反映出学生对这个项目看法的普遍性和代表性。调查的结果,再加上访谈和观察的结果有助于得出可信且有说服力的关于“使用者”对该项目看法的结论。

在对天才学生的教育项目的研究中,卡方检验提供了一种关于录取趋势的深刻认识。西班牙裔的美国人在这个项目中在数量上增长最快(Fetterman,1988a)。在人类学中,另一个比较普及的非参数统计工具是费希尔的精确概率检验。然而,所有的统计程式都要求在应用到任何情况之前提出假设。忽视统计程式中的这些变量和在进行民族志研究的田野作业时忽视人类行为程式中可比较的假设一样危险。这些错误导致的后果好则只是浪费宝贵的时间,最糟则会导致扭曲的和误导性的结果。

当有大量的样本需要处理又必须利用有限的时间和资源完成所有访谈时,民族志学者会采用参数统计。调查表及调查问卷往往需要对显著性进行严密的统计检验,例如 t 检验。该检验用于确定两群体的均值是否具有统计差异(Trochim, 2006b)。例如,在最近一项对斯坦福大学医学课程的研究中,我们使用了 t 检验来确定是否某项授权评估创新显著影响课程发展。该创新使得教师和学生协同评估和改进课程

(Fetterman & Wandersman,2005)。我们比较了采用创新措施前后学生对课程的评价分数以确定二者之间是否存在差异,结果在 $p = 0.04$ 水平下显著[进一步对同一类课程进行分析(排除了其中未采取创新措施的),结果显著性更高,$p = 0.01$]。此种统计测量独立地凸显了定性方法所关注的群体允诺度、参与度及智力唤醒水平之间的关系。

民族志学者也可以使用参数统计结果,以及测试分数来检验某种假说,核对他们自己的观察结果,一般情况下,可以提出更多的见解。学生测试分数是 CIP 研究的重要组成部分。资助者想知道学生的阅读和数学能力是否由于他们参与这个项目而有所提高。在阅读分数上取得的提高是统计显著的。从资助者和民族志学者的角度来看,这些信息是有用的结果。在数学分数上取得的提高也是统计显著的,但不如在阅读方面的检验结果那样引人注目。这个特别的发现为民族志学者提供了一个独特的与心理测量学家进行交流的机会,这种交流以解释性的方式进行。统计测量传达的是一个结果,而不是结果背

后的过程。民族志研究的描述在解释为什么数学方面的进展不如阅读方面的进展那么显著时是有用的。答案是简单的:数学教学在大多数的研究中是一个空缺。考虑到激烈的市场竞争,这个项目是很难招募和留住数学老师的。

检验结果是传统心理测试学方法的一个成果,这些方法包括使用协方差和标准误差来控制和比较数据。这些信息对于资助者和民族志学者是有用的,在为进一步探究和数据比较时提供焦点是有价值的。

除了使用像 SPSS 公司生产的商业统计程序包以外,我还使用在线统计程序。这种软件的优点之一是它可以用图表展示分布的可能性。它也有电子表格程序文档,简便分类,算数和数学变换式(包括 z 或 N 分数),统计测试,包括描述性统计,置信区间,成对的或单独的比较(参数或非参数的),相关性,线性回归和列联表。它还可生成散点图、矩形图、盒式图、茎叶图,以及饼式图。它包括静态的统计概率表(例如,正态分布,t 分布,F 分布,以及卡方分布)和动态表格(有关从因子分析到逻辑回归的参数统计案例,请参看 Handwerker,2001,p.222;有关实验和准实验设计的文献,也请参看 Boruch、Weisburd、Turner、Karpyn、& Littell,2009,以及 Mark & Rerchardt,2009)。 【107】

统计上的难题

爱因斯坦如是说:"不是所有有价值的都能被计算,不是所有能计算的都有价值。"定性数据无需通过量化来获取意义及合法性。民族志中描述性段落说服力同 p 值相比是有过之而无不及。在民族志研究中使用统计会带来许多问题。要用到一个特定检验要求的假设便可能是一项麻烦的问题。有关推论统计学最普遍的假设之一就是抽样是随机的。通常,民族志研究进行分层的判断性抽样,而不是真正偶然性的随机选择抽样。参数统计的使用要求大量的抽样。然而,大多数民族志学者都是和小群体在一起工作。需要专门技术和有特定用途的研究项目会进一步增加难度。

在许多情况下,复杂的统计学方法对社会科学是不合适的,尤其是对于民族志研究。首要的标准是工具是否适合研究的问题。第二个标准——包含于上一个标准——是方法应用得是否合理。第三个标准是伦理。在特定的时刻使用某种工具是否符合某种人类伦理?伦理问题将在第 7 章讨论。

设计或技术本身并不存在好坏。然而,应用可以是有用或无用的、合适或不合适的。使用一项实验计划以及相关的统计方法来研究教育制度或是处理方式对于那些曾经是辍学者、近乎辍学的人,以及被开除的人(那些学校不再有责任提供服务,因为他们太顽劣或年纪太大了)所产生的影响在概念上是没问题的。从理论上说,这种方法可以解释参与该项目的学生所获得的数学或阅读分数的提高(与受控制群体学生的得分相比)。然而,应用这个项目所产生的关于大多数教育项目的复杂的统计学推断,从严格的方法论角度说是不合适的。该研究设计的推断很少得到证实。一个最具效度的人类被试实验设计包括一项双盲(double-blind)的安排。提供处理的人,接受处理的人,以及控制组中的人都不知道谁真正接受了处理。在大多数的教育处理中,老师知道他们是否要教育学生、提供协助,学生知道他们是否已经被这个教育项目所接受。与双盲实验不同,实验小组接受了优待;被拒绝的学生接受的是较差的待遇。这样,受到优待的学生可能会产生霍桑效应(Hawthorne effect),而被拒绝的学生可能会产生约翰·亨利效应(John Henry effect)——用过多的补偿来表明即使受到拒绝,他们也能做好。这些反应和效应严重影响了结果的可信度(参看 Fetterman,1982b,对这个问题的讨论;也可参看 Cook & Campbell,1979)。

【108】

另一个统计学检验的问题是认知问题。统计显示的是相关的联系而非因果关系。然而,人们常常从统计关系中掉入推断性因果联系的陷阱。正如马克吐温所说:"有三种类型的谎言——谎言,该死的谎言和统计。"一个有能力的人能够操纵数字来显示所有东西。统计结果可能会使一些人着迷。由于一些不好的原因,电脑产生的结果比复杂技术产生的结果可信十倍。电脑产生的统计错误尤其令人棘手(如果没有实质上的意义),因为它们会在被发觉之前的很长一段时间,在整个相关的数据库中错误地一再复制出来。补偿性的检测很难对这样的系统问题进行弥补。

简要回顾这些问题应该不会抑制民族志学者的雄心壮志。民族志研究要大量使用实验设计、准实验设计和相关的统计分析,包括多种多重回归分析和因素分析。(Britan, 1978;Maxwell, Bashook, & Sandlow, 1986)。这个简要的回顾仅仅突出了在民族志研究或其他任何社会科学中,统计分析可能会产生的复杂后果(关于社会科学统计的有用描述,参看 Blalock, 1979;Hopkins & Glass, 1995;Shavelson, 1996)。

结晶化

民族志学者的思想"结晶化"于整个民族志研究的各个阶段。这种"结晶化"可能会带来一个平俗的结论或新颖的见解,甚至是一个极其重大的顿悟。通常,结晶化就是将与研究相关的,或是把研究资料中重要的相同处汇集起来的过程。思想的结晶可能是一个令人兴奋的过程,也可能是辛勤刻苦、无聊乏味、有条不紊工作的结果。这个研究的"格式塔"要求关注一个方程式中的所有相关变量。严重的错误可能会对任何调查构成误导,甚至带来毁灭性的危害。例如,开着车灯的一队汽车向街道的同一个方向前进,这可能意味着是一场葬礼行车。不论这个结论表现出什么样的逻辑,它都可能是错误的。从非正式的访谈中获得另外的数据或是获得更多的详细的观察结果是必需的。例如,从一列队伍中认出一辆柩车,或是从所涉及的人中确认一句话,将会大大提高这个结论的可信性。另外一个非常有意义的信息是时间。如果一个观察者遗漏了一个重要的信息——例如研究者在夜间看见一长队汽车开着车灯——那么,这个结论的可能性和可信性会严重受影响。参与葬礼本身会把

【109】

许多表面正确的东西带入结论或是已经成型的概念中。

在所有的一切都各就各位时,每一项研究就有其经典时刻。在对文化进行几个月的思考以后,一个特别的结构就会形成。所有的次主题、微型实验、不同层次三角测量的努力、关键事件以及行为模式,形成一幅条理清晰的、中肯切题的描述时事的图景。在民族志研究中,最令人激动的时刻就是当民族志学者发现关于现实的反直觉概念(counterintuitive conception)———一种定义常识的概念的时候。这些时刻使得那些漫长的白天和黑夜都变得值得。例如,在第3章,我谈论了阿肯色州德尔塔地区某所令人苦恼的学校的案例,该校学生测试学分很低但上课出勤率却很高,初始感觉这毫无意义(基于我三十多年学校研究的经历而言)。飞抵小石城并驱车两个半小时深入德尔塔南部之后,我意识到,出席人数确实是有意义的,上学是当地唯一的社交活动——除此以外无事可做。此案例中的田野作业提供了理解并记录一个违反直觉的发现的必要资料。

在最近对高等教育研究机构的一项研究中,我在经过了几个月的工作后,发现这个情况有一个反直觉的解决方法。这个行政机构由大学中两个单独的服务于不同系的管理部门组成。这两个部门的主任正在考虑把两个机构合并。从逻辑上讲,通过减少多余的工作岗位和分享资源,兼并可以获得更大的效率。有人要求我对这个计划做出评论。在研究的过程中,我发现,除了存在于每一个不同群体中的亚文化以外,这里存在着不仅是两个独立部门间而且是两种不同文化间的冲突。其中一个部门以客户代表(或是客户中心)的形式为教员服务。当一个教员有疑惑的时候,他的代表便会帮他解决问题。如果不能解决该问题,代表就会从这个机构的同事中找到信息,而不是打发这位教员自己再去挨个儿找别的部门人员咨询。因此,教员通常只与一个人交往。这个群体是一个有凝聚力的群体,互相代替是必需的。教员们对这个部门的表现很满意。

另一个部门是依据功能进行组织的,范围从会计到赞助项目事务各方面。一般来说,这个部门中的大多数人是与教员分离的。他们最基本的交流是与教员秘书和行政助理进行的。这个部门存在一些小团体且常常发生内讧。其中最显著的是老一辈和新一辈的冲突。老一辈的行政人员认为现存的制度已经运作了多年,应该保留。新来的则表达了他们想尝试新制度的愿望,包括一些工作职能的电脑化操作。教员们对这个部门的表现不满意。有疑问的教员需要打几次电话才能找到一个适当的人来解释问题。另外,派系斗争常常会阻挠工作的进行,因为在不同位置上的人彼此都不讲话。

两个部门都意识到了合并的潜在可能。由于两个部门长期的嫌隙,双方都不想合并。客户代表服务部门担心失去它紧密的社会关系网。而属他们分管的教员则担心失去他们的优质服务。第二个部门的成员不想采用客户代表部门的方法。他们已经习惯了各管一摊地工作,而不去了解他们同伴的活动。他们认为,按职能分工与客户代表方法一样有效。

当校长和系主任要我评价这个合并研究机构的计划时,我解释道,这个研究机构站在一个机构建设的十字路口。许多机构的组合可能会提高整体的工作成绩。但是,合并这两个部门不是一个解决办法。虽然合并看起来符合逻辑,但是它是不会有成效的。合并这两个机构只会使已存在的文化冲突升级更快,大大降低整体的效率。把客户代表部门和以功能为主导的部门合并将会破坏部门的社会结构,降低他们为教员服务的能力。类似地,把客户代表部门的方法强加于功能性部门也会催化冲突。功能性部门会认为这种合作的工作模式有侵犯彼此分工领域、窥探甚至暗中监视的意味。

我的建议是不要因为虑及短期的经济利益而合并这两个部门。相反,我建议客户代表部门保持现状。功能性部门应该知道它们的组织结构是值得尊重的,但是它们在减少内部冲突和更好地发展客户联系方面需要帮助。双方都同意我的解释和建议。针对该研究机构用民族志的方法进行的这番描述最终说服这位系主任做出了一个反直觉的决定——不合并这两个部门。

【111】
　　这个反直觉的结论或观念成型来源于对每个文化和它的亚文化的细节研究,主位的视角有助于我在(形式上)客位的或是社会科学研究的角色中得到对所关注主体的全面的认识(参看 Fetterman,1981b,其他案例)。

　　在民族志研究中,分析没有单一的形式或阶段。多种分析或分析的形式是必不可少的。分析在整个民族志研究活动中都发生着,从选题到最后的写作阶段。分析是重复的,在民族志研究中是循环的(Goetz & LeCompte,1984;Hammersley & Atkinson,2007;Taylor & Bogdan,1988)。研究者在零碎细节、询问问题、倾听谈话、探查内情、比较对照、综合以及评估资料中建立稳固的知识基础。在离开田野之前不久,民族志学者必须进行复杂的数据检测。然而,一个正式的,可确认的分析阶段应当在当民族志学者离开田野的时候进行。在这个阶段,有一半的分析是三角测量,探究形式,开发新型基层图和对数据进行统计检验。另一半分析发生在写民族志研究或是民族志研究的信息报告的最后阶段。

6

记录奇迹:写作

> 正确的词和几乎正确的词之间的不同就像闪电和萤火虫一样。
>
> ——马克·吐温(Mark Twain)

民族志研究要求在每一步都要有好的写作技能。研究计划,田野记录,备忘签,博客,共享的网络协作文字处理及电子表格文件,网页,中期报告,最终报告和著作都是民族志研究工作的有形产品。民族志学者可以和参与者以及同事分享他们的作品,以此检验这些作品的准确性,以及检查和琢磨这些作品。通过亲身参与和语言交流的媒介形式,民族志研究提供了文化中许多非物质的元素。然而,写作的作品,不像短暂的对话和交流,要经得住时间的考验。

民族志的写作就像描写自然那样既困难重重又令人愉悦。从简单记录日常小事、地标甚至气温到尝试描述整个田野经历或突然间的领悟,民族志研究的写作都要求有一双能捕捉细节的眼睛,一种能用合适的词汇表述细节的能力,以及一种能够把细节和意思组织成一个结构细密的整体的语言技能。民族志学者必须还原各种各样的已经花了几个月时间来观察和研究的社会组织和交往形式。每一种文化展示的多种多样的象征意义以及人们对各自环境的适应会都会跃然纸上。

民族志研究写作呈现各种各样的形式,从简单的、清楚的到复杂的。许多民族志学者会努力效仿他们钦佩的作家。他们使他们的模仿能适合各种各样主观的和客观的因素：风格、语境、寓意、时限、目的，等等。这样做的结果是每一个作者都显现出一种文学的特色，且会随着经验的累积而变得更加清晰更加个人化。然而，所有的民族志学者，不管他们怎样显现自己的风格都需要让他们的写作适应他们多种多样的读者。像每一个作家一样，民族志学者所具备的对不同的读者写不同的文章的能力将决定作品的有效性。

【113】

写一份好的田野笔记与写一份实在的有启发性的民族志研究或一份明达的民族志研究报告是不一样的。做笔记是一种最原始的写作类型。一般地，做笔记者只有一个读者。因而，在做笔录时清晰、简明和完整是相当重要的，相对而言，风格就并不是一个重要的考虑因素（参看 Emerson，Fretz，& Shaw，1995）。

然而，所谓"为"一群读者写作就意味在"对"那群读者写作。针对学术性的、政府部门的、个人的、公共行业官员的、医药业以及各种教育项目资助者的报告都要求有不同的格式和语言，以及要做不同程度的抽象概括。在一份写给项目工作人员的报告中，对所发现材料进行简短的叙述和强调可能会让学者们皱起眉头，会促使他们去质问这个项目（创作者）的智力水平。同样地，一份经过精练后发表的学术文献，将会使项目的工作人员感到沮丧。这些项目的工作人员可能会感到他们在一些无关的事情上浪费时间，浪费他们需要用来搞正事的时间。实际上，双方都感觉到研究者并没有和现实相联系。这些读者对田野调查和得出的结论都有兴趣，但同时他们也有着不同的需要和关注点。好的民族志研究工作通常会同时整理出一些与双方都相关联的信息。

当表演式写作被用以指导民族志写作时这种效果就有可能产生。表演式写作包括为受众写作，为他们考虑并希望你的工作于他们有益（Madison，2005，p.192）。它并非毫无必要的复杂化处理，而是有其内在联系，因其视读者为陀螺仪或指南针，作者便以读者为中心来组织措辞。经验丰富的民族志学者会与所有受众进行有效沟通——注意在语言交流中"到什么山头唱什么歌",这还是因为做民族志需要关注每位受众。然而,这不仅仅是语言问题(有关民族志学者作为修辞学者的讨论,请参看Fetterman,1987b;有关在提交某项案例研究计划时区分受众的讨论,也请参看 Yin,2008)。

博客与网页为撰写项目报告、发布关键事件的视频及把握你工作所在的社区精神提供了强力中介,它们通过提供一个发布报告、工具以及饱含社区价值的信息的平台来促进互惠。博客和网页对于大批量的受众而言——包括学者、项目职员和社区成员,也很容易定制,这些网络文件唾手可得,它们为民族志洞见及理解的生成提供了即时性和透明度。它们夯实了民族志学者和他们共事的人们的认同感。博客与网页可以是非正式的或学术性的,然而,它们通常是介于田野笔记与最终报告或学术文章之间的一种写作形式(正式文章或出版物链接到博客或网页)。 【114】

写作是分析过程的一部分,也是一种交流的方式(也请参见 Hammersley & Atkinson,2007)。写作能使思路清晰。坐下来,把思想写在纸上,人们就一定能组织自己的思想,梳理出具体的思想和关系。写作常常能帮助发现知识的空缺。如果当那些空缺被发现的时候,研究者还在田野,那么就需要进行一些额外的访谈和对一些具体环境的观察。如果该民族志学者是一位协助研究者,他/她也许会与社区成员共享基于网络的文字处理和电子表格文件,这将有助于社区成员编辑且共写民族志见解与发现。这对民族志学者的解释也是项检查,且有助于提升合作性(创建共同体)。在一个阿肯色州的烟草预防项目中,我使用了交互式电子表格来管理输入数据,这些数据是关于戒烟人员的数量及其如何转化为结余现金——就过量的医疗费用而言,该项目的数据收集经历了反复且相互协作的过程。如果研究者已经离开了田野,那么就可以通过田野笔记、电邮(包括数码照片)和电话访谈补足信息(除非研究者在离开田野之后仍与社区成员共用共享网络文件)。

当民族志学者的思想在经历数月的思考逐渐明确成形时，一些不成熟的观点也就在写作中变得成熟了。最初的构思——如同民族志学者眼中的灵光一现——到最终的报告表述，民族志的研究随着写作而开展。对民族志研究全过程中的一些重要步骤进行简要的回顾可以更加凸显写作在民族志研究中的意义(更多有关民族志写作的讨论，参看 Madison，2005；O'Reilly，2005；Wolcott，2008a。关于民族志工作中使用的包括现实主义、自白式及印象主义讲述在内的修辞及叙事手法，参看 Van Maanen，1988)。

研究计划

民族志学者把他们最初的想法表达在自己的研究计划里。资助者对这个设计的质量、问题的意义以及研究方法进行判断，包括分析和预算——所有这些都会表达在写作中。一个具体问题的重要性和研究工具的精密性可以用无数的方法去描述。然而，只有一些方法可以成功地与其他一些有价值的计划竞争。资助者是一个非常特殊的读者群。每一个资助者都有自己独特的标准、要求、兴趣和资助能力。民族志学者与资助者之间的交流能力将直接影响研究是否成功，以及研究形式和研究的风格——甚或是研究是否能得以开展。

【115】

精细的写作可以保证在研究者和资助者之间建立一种和谐的关系。就像找工作时的面试一样，计划是人与人之间的第一次交流，通过这种交流人们可以决定是否可以在一起工作。如果可以的话，他们一定会学着做。一份起草很好的计划可以为研究者和资助者制定出一条路。清楚、直接的叙述——没有拐弯抹角，没有行话，没有限定性从句、模糊和被动的短语——能表达想法，研究将如何实现设想以及谁来执行这项工作，做多少，做多长时间。对项目一致的理解和相同的评价标准将减少双方的误解、交流障碍以及由此引发的紧张局面。模棱两可会招致误解和混乱。同样,不清楚的计划也会暗示资助者,民族志学者的思想是模糊的。因此,写作既是一项清理思想和计划的练习,也是一种自我表达的形式。

在民族志研究中,计划和远见至关重要。研究组织得越好,进展就会越顺。计划的表述和结构反映作者的思路。另外,在计划阶段进行合适的筹划,会确保可以得到足够的时间和资金来进行研究计划的一些重要内容。不合适的计划会让该项目在尚未来得及解决那些过于明显的问题之前就夭折了。它还会导致研究陷入一种漫无目的的发展模式,就像漂流中的小船,浪费时间和精力。在计划被接纳和工作获得资助之后,在认真地书写了获准进入社区必需的信函之后,下一步重要的写作挑战在于做好田野笔记。

田野笔记

田野笔记是民族志研究的基础。这些笔记主要由访谈得到的资料和日常观察得到的资料组成。在资料的搜集中,笔记是进行分析的最早阶段,也为日后进行详细分析提供需要的原始资料。做田野笔记的许多技巧与指南对民族志学者是有帮助的。然而,最重要的一条原则就是把信息记录下来。

田野作业使民族志学者面对大量的信息、想法和事件。民族志研究工作是耗费精力的,民族志学者有时会不想记笔记或者懒得在当晚就把白天涂涂写写做下的笔记输入电脑。但是,记忆会很快地消逝,没有记录的信息不久将会被随后发生的事情掩盖。太长的延迟会使笔记失去了即时性(有关田野笔记的详细讨论,参看 Emerson,Fretz,& Shaw,1995)。

【116】

速记,记号和记忆术

民族志学者使用许多技术来提高在田野做记录的精确性。

例如，他们学习高度个性化的速记来记录访谈。用一些短小的短语或关键词代表一件事，一个形象，或部分谈话的内容。标准的缩写和记号常常能在做笔记时提供帮助：♀,♂,+,$（♀表示女性，♂表示男性，+表示有正向的或阳性的，$往往代表金钱）等等。问号和感叹号是有用的标记符号，它们会提醒民族志学者记住一个发现或者另一个没有回答的问题，这些技术使民族志学者能够在白天做更深入的笔记，包括笔记的深度和广度。理想的状况是，笔记应该在访谈或观察结束之后不久，趁着还有清楚的记忆时，就誊写下来。但是，通常而言，在许多案例中，在每天结束时做誊写更加实际和常见。这些缩写和记号就像是书写的快照或是记忆的工具。它们激发记忆，把许多的形象带进大脑，使民族志学者能够完整地还原当时的情景。

重　构

在有些情况下，做笔录是不合适的——例如，葬礼、战争和某些宗教节日。田野记录仍然是重要的，但是做这些记录非常困难。在这种情况下，一个完整重构是必需的。在斯波拉德里（Spradley，1970）对流浪汉的研究中，几乎在每次跟醉汉做完访谈之后，他都会兴奋地跑到盥洗间誊写事件的记录。许多被他访谈的人，都认为他膀胱有问题。鲍德麦克（Powdermaker，1966）则是坐在自己的汽车里长达数小时地把一些敏感的对话记录下来。准确地回忆长篇的对话需要练习。然而，像诗人记忆成千上万的诗歌一样，民族志学者通过训练和实践能够回忆大量的信息。但是，与诗人不一样的是，民族志学者必须在吸收新的材料之前，尽可能快地把这些信息写下来。

田野笔记的组织

把笔记做得有组织且能相互参照将有助于正式阶段的分析，从最初在田野的假设到最终的写作，都大有帮助。在活页

【117】

的文件夹中,笔记能很容易地像在电脑数据库里一样,按照不同的主题将主题组织起来。数据库这种方式对分析非常有利,正如我们在第 4 和第 5 章里讨论的一样,这可以减少写作民族志研究所需的时间[参看沃尔考特(Wolcott,2008b)有关一般情况下所需用来写作民族志研究的时间;也可看勒温(Levine,1985)有关组织策略的讨论——更确切地说,是有关资料储存和搜索原则的部分]。

思考、线索、清单和个人日记类型的评论应该属于观察笔记的不同范畴。这些笔记是工作文件,它们能指导民族志学者的工作。它们被用作一个提示器来继续长长的清单上的话题和任务。在信封的背面或是在电脑上,用一个自动提示程序写作,这些笔记也能记录下民族志学者的部分研究进展。通过它们,民族志学者就能顺着原路返回,以识别与确认那个曾在研究过程中帮助他揭示某个特殊的意义层面的技巧。在极其困难和危险的田野作业中,个人的日记是一种有效的复写策略,同时也是一种控制质量的方法。一个具体的研究阶段所作的关于作者心情、态度和判断的笔记为该阶段所做的田野观察笔记提供了语境。保持这些相对独立的笔记原件,是对资料搜集和分析质量的有效控制[参阅施瓦特和霍尔珀恩(Schwandt & Halpern,1988),有关田野笔记的评审;也可看博格丹和拜克伦(Bogdan & Biklen,1982)对田野笔记写作的一篇额外的讨论]。

资料 6.1

田野笔记的组织

可以用各种各样有用的方法来组织田野笔记。我发现一种方法尤其能确保田野作业有效地进行,并且在这个过程中,能大大有助于写作。

田野笔记用活页文件夹就能组织好,用标签来标示每一个部分。第一部分由流动的索引组成,这些索引能帮你找到具体的主题和文章。第二部分由计划组成。第三部分包含完成工作所需要的时间和预算的记录。第四部分包括所有的函件,第五部分包含在早期调查研究阶段使用的最初的笔记(笔记本里这一部分的田野笔记是用来展开计划和进一步规定民族志学者早期田野作业的范围)。剩余的部分全是该计划的下属分项。这个计划确定了研究的主要种类,每一部分包含一个研究话题。

每一章的第一页封页,包括目的、方法、发现、结论和建议。这个系统迫使民族志学者理清任务的目的,准确记录用来揭示主题的方法,总结发现的东西和结论。另外,这种用于组织田野笔记的辅助方法在研究时为将来的行动提供了便利的参考。这个封页也能为民族志学者提供备忘录或是其他一些总结性的交流来和同事、资助者以及田野里的人们分享。备忘录反过来——再加上参加者的回应——促成民族志学者的报告。

发现部分的封页与具体的田野笔记、照片、磁带录音以及可以证明每一个发现的文字记录是可以相互参照的。例如,一次访谈的田野笔记代表着原始数据。访谈笔记可能会伴随着用来描绘信息的观察记录、矩阵图和图片。为了方便起见,这些文件和原始数据会在总结页中被提及(同样一套观察笔记或访谈数据可能被用于支持文件夹或论文中其他部分的发现)。

民族志学者可以展开新的主题,这些主题可以来自对计划的主题的最初调查,或是现有主题的子题目。像在第四章里讨论的一样,电脑可以保存和组织许多记录。然而,在很多情况下,打印稿备份以及拍照记录是至关重要的。这个田野笔记的组织办法提醒民族志学者研究的目的和方向,允许田野作业者较方便地获取相关资料,如:初步发现、结论及建议,并且让其他人能评审研究成果。

备忘录

在民族志学者工作的各个阶段,民族志学者都对研究工作做总结。这个综合性的工具帮助他们评估工作的进展。在我对高校教育的工作中,我发现一个简短的备忘录对巩固我对形势的理解是比较有用的。我把它和我的同事共享,并且询问他们的反馈意见。这种交流对我的认知是一个检查,之后我用它们作为理解下一阶段或进展的基础。此外,在研究进程中,备忘录为参与者提供了分享的机会。

在整个研究中,写备忘录也会使得报告的写作变得容易很多。民族志学者可以从根据田野经历修改了的项目建议中,抽取其中的介绍和背景部分的内容。报告的核心部分则直接来自于备忘录和研究中的反馈。这样,民族志学者仅仅需要进行最后的综合,这也解释了所有的备忘录和反馈是怎样彼此结合在一起的。参与者到了这个份上也就不会有太大的惊奇了。

【119】

中期报告

在签有合同的研究工作中,中期报告比备忘录更加普遍。这些报告是民族志学者在研究中指定时期的初步总结。资助方、参与者和同事都将评审这些报告。在检验民族志学者对这个项目或文化的理解时,并且在允许对报告的每一个部分做出具体反馈时,中期报告对研究成果的质量有着不可估量的贡献。

最终报告、论文和书籍

民族志研究的最后一步就是写最终报告、论文或书籍。这些最终的产物常常代表民族志学者描述某个经过研究的、精致的、经过分析的文化图景的最后机会。像写作的其他形式一样,这三项高度结晶的表达形式同样需要以资料、勤奋努力和洞察力作为基础,但它们的特性、风格、样式、分布和市场价值都不相同。

报告、论文和书籍的种类是如此之多,以至于在一个章节里,除了讨论每一种写作类型的一般特点和原则之外,我几乎什么也不能干。然而,对最普通的民族志研究的出版物的形式进行简要的回顾是很必要的,因为分享知识,通常包括出版物,是民族志学者著作的重要组成部分。出版是民族志学者分享他们的意见和结论并利用出版物得到的反馈进行学习的一种方法。

一般而言,政府报告比一篇文章或一本书更加讲究实际。它可能会对一个研究项目或小组产生直接影响。通常,民族志学者在报告里集中论述一个具体的政治问题。语言可能比较官腔,充满了抽象的行话[例如"优化(prioritization)"和"执行化(implementation)"这样的词]——这是一个和政府部门进行有效交流的必不可少的本领。报告可能包括一份技术的和非技术的研究成果的汇编物。一般来说,这是为那些没有时间或没有兴趣阅读整篇报告的政策制订者而准备的行政总结。顾问小组——由学者、实行者和政府委员组成——会对研究成果和成品进行把关。在很多情况下,顾问小组在商讨关键章节的措词中发挥直接的作用。

一篇论文是民族志学者综合研究成果的高度浓缩或是综合体现。它常常深入地讨论一个问题。一般来说,作者将会简要地指出这篇报告对知识的发展、理论或方法论有怎样的贡献。

它的读者通常由学者组成,这些学者对作者在相关期刊发表的著作的构思有直接的影响,因为他们会建议或拒绝出版。他们也会给出一些具体的修改意见。在论文被接受出版之前,作者必须对这样的意见做出回应。学术机构对终稿有很大的影响——对其进行润色和改进或者迫使作者(采用一些并不恰当的迂回的表达)(关于更多的期刊文章写作,参看 Bogdan & Biklen,1982,pp.183-190;Van Til,1987)。

与一篇文章相比,一本书拥有更大的容量,这为民族志学者提供了更多的自由。再一次,重要的读者由学者组成。民族志研究书稿的结构多种多样,但是民族志研究通常讨论关于文化的基本问题,例如文化的结构和组成、历史、政治、宗教、经济和世界观。在民族志研究中出现的一个具体的主题可能成为整篇文章讨论的焦点。这个主题也许是该文化及其族群精神的一个重要特征,或是决定该文化群体成员是否能够适应其环境的行为模式。收到原稿时,出版商要求进行评审,从该领域中选择合适的同行来帮助他们做出是否要出版的决定。评审会决定一篇文稿的命运以及它的特点和它强调的重点。如果文章被拒绝或者对修改建议不满,作者会找其他的出版商或期刊。但是,一些出版商和期刊发行商在该领域内极受尊崇,以致作者实际没有选择的余地[参看鲍威尔(Powell,1985)关于学术发表中决定过程的讨论]。

报告、论文和书籍除了学科的和地位的不同外,副标题所关注的焦点以及定位是理论性的还是应用性的也存在不同。无论是哪一类作品,民族志学者都要选择为最合适的读者写作——就是那些将会受影响的读者或将会做出适当判断的读者。一旦民族志学者决定了合适的读者,他或她就会调整写作风格来适应读者。

报告通常流通量有限,它仅提供给目标资助者群体、各类政府部门、项目人员和一些学术上的同事。报告有可能取得版权,但一般来说,不会有稿费。它们是作为研究项目的一部分来发表和获得报酬的。报告的截稿时限是一把双刃剑。它们确保了对一个政策问题的及时回复,但也使作者们不能认真注意文章的风格。

论文的流通量取决于它所发表的期刊。一个有兴趣在一个主题的一般界限内尽最大的可能获得读者的民族志学者将会尝试在发行量大的学术期刊上发表文章。如果目的仅仅是和一小部分专业的学者分享知识,那么特殊门类的期刊是最好的选择。在这两种情况下,民族志学者将会在曝光量和影响中找到平衡。"同行评审期刊"比"非同行评审期刊"更加受重视、更有威望,因为它们有固定的质量控制体系,在这些期刊上发表也更为困难。通常来说,期刊上的文章是能获得版权的。期刊持有版权,但是作者有权在他们编辑或写的任何书上或文集中使用这些文章。期刊文章没有稿费,除非它们被印成书。这些文章不如报告及时,但是比书籍要及时。一篇期刊文章原稿的评审常常要二到八个月或者更长。修改、长条校样和通常的印制时间可能把出版再多延迟二到六个月。因此,比起用传统的方法发表文章,许多高能物理学家更喜欢网上的电子文章——他们需要紧跟他们的学科领域内快速的变化。

网络出版物代表了一类重要的学术投稿渠道。在社会科学和医学研究领域网络出版已习以为常。电子期刊也许配有或没有纸质版本,但是绝大多数学者是通过网络而非步行去图书馆来阅读期刊。几乎所有传统期刊都能在线浏览,包括《美国人类学家》(*American Anthropologist*)、《人类学与教育学季刊》(*Anthropology and Education Quarterly*)、《当代人类学》(*Current Anthropology*)以及《医学人类学》(*Medical Anthropology*)。自本书最新版发行以来,在线学术期刊的数量陡然猛增。在线同行评审期刊,例如《文化动力》(*Cultural Dynamics*)、《教育政策分析档案》(*Education Policy Analysis Archives*)、《世界人类学期刊》(*Journal of World Anthropology*)、《世界体系期刊》(*Journal of World Systems*)以及《定性报告》(*Qualitative Report*),代表了实时共享民族志见解与发现的可接受的媒介方式。许多同事在很短的时间内使用电子邮件就可以评审这些文章。另外,使用电子方式发表文章要比使用传统方法发表文章快很多。同行们可以更快地批评这些用电子方式发表的文章,与用传统方式发表的文章所花的时间相比,电子发表允许作者在更少的时间内修改他们的文章。而且,电子出版发行的成本可以使读者免费获得期刊。这种媒介形式也允许作者发表他们的原始资料,包括连接到相同的"页面"上的访谈的资料;允许读者立即自己分析资料,根据他们自己的理论研究定位用其他的方法对这些资料进行分类。格拉斯(Glass,1997)的关于学校选择的电子期刊文章就对此进行了解释。她把她的访谈直接连接到她的目录中(参看图 6.1 和图 6.2)。 【122】

Table of Contents
- The Problem
- Review of Literature
- Methods of the Study
- The School in the Study
- Findings
- Summary & Conclusions
- References
- The Interviews

About the Author

Sandra Rubin Glass

Sandy.glass@asu.edu

Sandra Rubin Glass is a Faculty Associate in the College of Education at Arizona State University where she received her

---

图 6.1 电子期刊——文章

来源:S. 格拉斯和 G. 格拉斯(S.Glass and G. Glass)的许可复印件

Transcripts of Interviews

The following list of links provides access to the full text of the interviews on which the study "Markets and Myths: Autonomy in Public and Private Schools" is based. I hereby grant privileges to all to download and reproduces these interviews for non-commercial research purposes, so long as the present source is cited.

Sandra Rubin Glass

1. Administrator 1 at Greenfield
2. Administrator 2 at Greenfield
3. Administrator 1 at St. Johns
4. Administrator 1 at Crestwood Country Day
5. Administrator 1 at Crestwood Country Day
6. Administrator 2 at Crestwood Country Day
7. Administrator 1 at Montevideo High School
8. Administrator 1 at Portales High School
9. Administrator 1 at Sunset High School
10. Administrator 2 at Sunset High School
11. Teacher 1 at Greenfield

图 6.2　电子期刊——原始数据

来源:S. 格拉斯和 G. 格拉斯的许可复印件

　　一些同事和出版商关心版权问题。然而,这个领域的规则正在发展中。出版惯例正在被成功地应用到这种媒体中(Burbules & Bruce,1995)。我在网上发表过文章。我最近写的一本书《授权评估:自我评估与问责的知识与工具》(*Empowerment Evaluation:knowledge and Tools for Self-Assessment and Accountability*,Fetterman,Katarian & Wandersman,1996)就是通过网上和传统的版印方式进行发表的。至今我还未在这种媒体领域内体会到对特权的滥用,而真正体会到的却是知识理念的飞速传播。

　　学术书籍比文章更难写——部分原因是它们更长,另一部分原因是它们要求有更多的学术成果。持久力和注意力至关重要:一篇文章要求付出巨大的努力来把众多的资料和分析浓

缩。一本书要求许多倍上述那样的努力。另外,书籍是最终的
学术样式,将会由一代又一代的读者进行评判。

　　与大多数的文章不一样,书籍将接受公开评审(例如,参看
Fetterman,1986c,1986d,2002,2008)。尽管大多数的评审者都
努力诚实地评判作品(Janesick,1986),但是评审者与文本搭配
不当将会是灾难性的。几乎所有的评审者都寻找错误、疏忽和
文本中的概念缺陷。一些评审者根据书籍自身的优点,用智慧
去评判一本书。另一些评审者的评判则与理想的但是无关的
典范相抵触(关于这个问题另外的讨论以及案例,参看 Bank,
1986;Fetterman,1986a)。虽然作者通常不被邀请回复评论,但
一些评论呈现出具有个人色彩的和古人类(ad hominin)攻击的
色调,可以被定性为尖锐、好斗。秉着平衡和公平的精神,编辑
会邀请作者回应这些评论。这些交流既能产生深刻的见解,超
越具体书籍,代表着这个领域真正的贡献;也可能发生退化,产
生比光更强的噪声(参看 Stufflebeam,1995,Fetterman,1995;
Scriven,1997,Patton,1997,Fetterman,1997;Scriven,2005,
Patton,2005,和 Fetterman,2005;Fetterman & Wandersman,
2007,关于这一性质的鲜活的学术交流)。在一些情况下,出版
商会精心选择评审者,因为他或她的观点和作者的观点完全不
同。与参与者熟悉的同行知道应该如何理解评审者的评论并
从这种经验中学到很多。虽然有时候,需要有所保留地看待评
审结果,但是评审过程——尽管也有谬误(这其中有许多案
例[1])——仍是可行的最佳方式。

　　书籍的发行流通量取决于出版商。有些出版商拥有完整
的宣传系统,包括根据兴趣和主题领域进行分类的专业协会会
员名单的数据库。这些体系使出版商能确定市场和锁定广告
目标。作者在这个过程中有着直接的利害关系,因为一般而
言,书的作者可以获得稿费。出版商拥有版权——避免了同一
作者再与其他出版商合作带来的竞争——同时,作者也保留部
分出版权利。

　　书籍通常是民族志学者发表最不及时的成果。一些民族

志研究在田野作业之后的好几年后才写成。就算出版商接受了原稿,实际的出版可能还需要一到两年的时间。当然,也存在例外。现在,一些出版商要求作者提供手稿的最终排版稿,以此来加快出版的进程。然而,考虑到接受和出版之间常见的滞后情况,作者们是幸运的,因为大多数民族志研究的学术书籍都不受时间影响而过时,书店销售周期也会很长[《街角社会》(*Street Corner Society*, *Whyte*, 1955)是一个经典的例子;也可参看 Lareau, 1987]。

【124】 所有笔头的民族志研究资料都有一些共同的特点。最重要的一个特点就是描写很丰富,有逐字的引用。民族志研究的现在时和表明民族志学者身份的直接叙述也是其特点。

深描和逐字引用

深描和逐字引用是民族志研究的田野笔记、报告、文章和书籍中最突出的特点。民族志学者不辞辛苦地描写一个文化场景或是非常详尽地描述一个事件。其目的是传达感觉和描述所观察事件的事实。理想状况是,民族志学者会和读者一起分享参与者对情境的理解。深描是对文化解释的书面记录。在第2章中讨论了关于"眨眼"和"使眼色"的区别。简单地描

【125】 写只会描述眼睑迅速地闭合;深描则会描述背景,告诉读者那种运动是由于尘埃入眼而导致的眨眼,还是穿过房间里拥挤人群的一个浪漫的信号。因而,这些描写也就包括了文化的意义和民族志学者的分析。

深描可以描绘各种文化场景和文化片断。下面的例子是在一个内地城市的田野作业中关于道德两难的讨论(Fetterman, 1986e)。

在学校访谈的最后一天,一个学生和我交了朋友。我们谈论了几个小时有关他的生活和所在社区的事情,之

后,他决定带我去参观。他把我介绍给许多在街上混的帮派头目。天变得热起来,他知道我来自加利福尼亚,所以他带我去一家健康食品商店买冷饮和小吃。我们进去之后,我的这位新朋友和商店的主人眨了眨眼,告诉他给我一份加天然苏打水的格兰诺拉麦片条。我说谢谢,伸手去拿格兰诺拉麦片条,感觉到麦片条下面有其他的东西。那是一小包的大麻。我看了看店主,然后看了看我的朋友。我不想表现出任何的不满和忘恩负义,但是这并不是我在同意扮演客人、拜访者和朋友这几个角色时所期望得到的。

不一会儿,我听见有整齐的步伐声。我从前面的窗户向外看去,见两个警察走过来,正往窗户里看。看到这一切,我的手仍在空中,心情异常复杂。我的心沉到了底。我的第一个想法便是:"我将会被逮捕。我将怎么向我所在研究机构的同事解释这一切呢?"

幸运的是,警察很快地消失了,像他们出现时那样快。我问我的朋友刚刚发生了什么。他对我解释说,通常情况下,警察已被贿赂,只有当他们需要钱,或者店主没有交付贡金的时候,他们才会来找麻烦(pp.27-28)。

田野作业中起初的深描常常是冗长的、不实用的、空泛的笔记形式。当在报告或著作中要阐释一个观点或进行解释的时候,就需要作者对笔记做精心的挑选和删减。当民族志学者从田野笔记转到书写文章的时候,民族志研究的写作是一个压缩的过程。目标是简明完整地描述现实,而不是复制每一个细节和单词。一个完整的复制是不可能的,也是不可取的:它不科学,而且没有人会花时间去阅读它。

逐字引用也是民族志研究的特征。他们是对一个人思想和感情的永久记录。逐字引用可以传达一个人的害怕、怒气、沮丧、兴奋和快乐,包括一个人生活的表面的和深层的意义。它们会为读者展示出许多观念:基本的事实资料,社会经济指标,内部一致性或形式的不一致。读者可以根据这些细节,推断说话者的价值观和世界观。

【126】 长篇的逐字引用有助于向读者传达一种即时性。另外,在报告和民族志研究中,明智地使用一些原始资料会为读者提供足够的信息,由此来判断民族志研究的解释和结论是否站得住脚。

在辍学生项目的研究中,我从一个住在该社区的年轻母亲那里听说了一件因租金问题引发的纵火案。她的语言传达出一幅生动的犯罪画面(Fetterman,1983)。柯里娜说她:

> 早晨两点被电话吵醒。电话那头的男子要我在 15 分钟内离开房间,因为房间将要被烧毁。这就是纵火案发生时他们在做的事。他们给你打电话,就在早晨两点。我的头发还上着发卷,而且我还穿着浴袍,那就是我拥有的全部了。我住在第三层,而我的奶奶在第四层。我仍然能记得看见火焰在她轮椅的周围乱窜。我尝试把她救出来,但我失败了。你知道的,我有风湿,所以我很虚弱。她是如此的重,以至于我不能把她救走。我救出了我的婴儿,但她很重。我只能眼睁睁地看着她死去。如今,我甚至仍然去精神病医院。我常常梦见那火,它仍然使我恐惧,我没有救她的命(p.218)。

柯里娜个人的悲剧特征和这一罪案中揭示的人性层面很可能会消失在第三人称的描述中。她用自己的语言简洁、准确、个性化地描述了在社区因租金问题引发的纵火案的影响。深描和逐字引用在民族志研究中有其突出的表达功效(参看 Ryles,引自 Geertz,1973)。

民族志现在时

民族志研究通常用民族志现在时来写。民族志现在时是生活的一个侧面————一个静态的形象。这种文学上的错觉表明,文化在时间中静止不动————甚至在民族志研究描写以后。民族志学者对社会文化体系中的变化非常敏感。他们常常关注一个程序、一种文化或是任何一个群体中发生的变化。田野作业可能会花掉几年的时间,但是民族志学者书写这些事件,好像他们正在发生一样。这种习惯一部分是由于语言的方便。但是,它也是一种保持描写一致和保持故事生动的方法。民族志学者使用现在时态主要是因为田野作业————可以无限地继续————必须以一些任意的点来结束。田野作业从来完成不了,它只是结束而已。时间和其他的资源总会耗尽,当地人也会厌倦被观察。民族志学者意识到,不论研究有多长,在田野工作结束的那一刻,文化依然会发生变化。民族志学者能做到的就是尽可能准确地描写直到离开那一刻之前的文化状态。理想状况是,民族志现在时忠实地反映了民族志学者在研究过程中所描绘的文化形象。

【127】

民族志在场

　　民族志学者试着低调地进行研究以减少他们对自然状态的影响。他们的目的是在一种异文化自然运行的状态下去描述它。但是,民族志学者是诚实的。他们认识到他们的在场是一个影响原有文化平衡的因素。因而,民族志学者不是人为地营造一种虚假的情况而是公开地描述他们在田野作业事件中的角色,民族志研究的描写告诉读者,民族志学者与当地人以及资料的联系有多么紧密。这项技巧可以为研究成果增加额外的可信度。这些对自我的描述同时被用于控制质量,记录民族志学者在研究中对人们的影响程度。

　　与此同时,民族志学者不应该支配环境,也不应该在每一个字或每一页上留下个人痕迹(除非明确地将民族志学者作为调查的主题,就像是自传式民族志一样[2])(Chang,2008;Ellis &

Bochner,2000;Jones,2005;Reed-Danahay,1997)。研究者不必每每插入自己的观点以显示自己在知识上的高明。描写文化时,写作的焦点应该集中在主题上。阿尔弗雷德·希区柯克在他的每一部影片中都会在屏幕上客串出现几秒钟——就是一个清楚地表示其在场的范例。而他的风格,尤其是他摄影机角度的使用,则是一个隐含在场的范例。民族志学者在他们的作品中同时留下明显的和隐含的个人痕迹。有一些很微妙,而另一些则像凡高在《麦田里的乌鸦》中所运用的独特笔触。巧妙营造出来的"民族志在场"可以深层地传达民族志学者在田野中的经验。

民族志研究的信息报告

【128】 民族志学者并不总是能够完成一份完整的民族志研究。相反,他们必须写下一些民族志研究的信息报告或成果。一份民族志研究的信息报告可能要求与民族志研究一样的努力,或者说,由于要应用一些民族志研究的概念和技术,民族志研究的信息报告需要的努力与民族志研究是一样的。在以上任意一种情况下,报告都有民族志研究的风格,但是它的结构和样式则像那些由公共或私人资助者捐款出版的出版物。对于有需要的读者来说,一份民族志研究的信息报告与一份完全的民族志研究一样有用。做一份民族志研究的信息报告所需的努力与完成一项传统的民族志研究所需的努力相同。但可信度不及后者,因为如果民族志研究的概念和方法没有完整地运用,那么作者会丧失许多完整运用所具备的品质控制。

文学作品

文学家是人类故事执著的观察者。他们创造了经典的小说和代表相应社会关系和基本价值观的人物。在研究工作的各个阶段，文学作品对民族志学者来说都是有用的。在田野作业中，日常生活的事件相当于大师作品中的情节。这些相似之处，有助于解释民族志学者参加的复杂的表演。

然而，文学对于民族志学者来说，最大的作用在于它可以是表达思想的一种工具。许多文学规则和写作的技巧都可以为民族志学者所用。作者可能会模仿不同的说话者的语气，既可以显得无所不知，也可以表现出真诚坦率。他们能控制叙述的节奏。可以运用具体的隐喻、丰富的明喻、排比、反讽以及其他许多手法来表达某一个时刻的真实感情、感受。

民族志学者利用这些文字表达的技巧使他们从事的科学更加富有意味并给人留下印象。在我的关于辍学生项目的作品《责备受害者》中，我使用过莎士比亚那引起共鸣的短语"错误的喜剧"（Fetterman，1981b）。这个短语以简明易懂的方式，描绘了待遇控制（treatment-control）计划的误用及研究中政府官僚主义的干预。这个短语——描述了教育机构和研究者在一个国家研究项目中的行为——表达了这段经历的荒唐可笑以及它的悲剧意义。

亨利克·易卜生的戏剧《人民公敌》塑造了一个强有力的形象，这个形象准确地反映了我在辍学生研究项目中争取出版关于"待遇控制计划误用"之研究成果时遇到的困境。在这个故事中，斯多克芒博士，这出戏剧的主人公，一位医学官员，尝试出版他对该城镇著名的浴场中污染物的研究成果。他遇到了来自该城人民的强烈抵抗，这个城镇的人靠从经常到这两个浴场的游客身上来获得自己的收入。我用这个令人伤感的故事来表达自己的沮丧，因为它表达了当我在公开讨论误用基本教育研究范式时，面对强烈抵抗而产生的愤怒和紧张的感情（Fetterman，1982b）。关于艺术的写作同样是一种有效的交流方式。在同一篇文章里，我以艺术为例解释了一个从读者到观察者的处境的抽象概念——像达利画的"达利正在画达利画画"，如此无限延伸下去（ad infinitum）（关于民族志文学的更多

【129】

见解，参看 Clifford & Marcus，1986）。

校订和编辑

写作的最后阶段总是包括校订和编辑。写作既是艺术的也是机械的。段落要加以调整以得到正确的合理的结构顺序。句子应该讲究语法，分词使用应该精确，引证应该与相关内容一致。短语必须仔细地设计，要抓住读者的想象力，同时也要保留科学性。例子必须使人信服，并且简短。标题要吸引读者的注意力，并且要诚实。除了确保作品要主旨明确、思想连贯，既简明扼要又容易理解以外，作者还必须润饰作品以符合前面提到的各项要求。所有的这些工作都需要时间（关于写作的有用指导，初学者可看：Bernstein，1982，1993；Strunk & White，2000；一份优秀的毕业生文本，看 Barzun，2001，Pak-tao Ng，2003）。

合适的安排可以减少写作民族志研究作品的时间，但是修改和润色会花费另一些时间和大量的精力。所花费的时间取决于第一稿的质量、作者的天赋和可支配的时间。还应该留一些时间给那些爱挑剔的朋友和同事进行评审。

注意细节是很重要的，包括长条校样。一个单独的词或字母可以在不经意间就改变了意思。支持一个复杂论点的段落可能会在进行文字编辑和校样时被遗漏。在编辑文稿时如果不够细心，那么就会失去最后一次更新的机会。在这些工作上投入时间总是值得的。

注　释

1　期刊出版的同行评审体系的可信度降低的一个指标是只有 8% 的科学研究协会成员认为"同行评审工作是名符其实的"（Chubin & Hackett，1990，p.192）。此外，根据著名的医学研究者大卫·霍罗宾（David

Horrobin)的观点,同行评审"是一个毫无法律效力的做作之举,因为其 【130】
颇费周章导致的结果并不比随机产生的结果好多少"(Horrobin,2001)。
再者,"一项美国最高法院最近裁决以及同行评审系统的分析证实了对
此系统基础科学性的不满"(Horrobin,2001)。

2 自传式民族志是一种后现代主义的民族志。在自传式民族志中,研究
者是关注和探究的中心。它使用许多文学写作的惯用手法。该方法的
批评者认为它过于后现代和自恋。然而,拥护者却认为它是一个将个
人故事与他们周围的文化主题连接并试图挖掘出偏见和社会化影响的
有效工具。自传式民族志也往往致力于引发关于现状的思考和反思。 【131】

7

轻轻地走过荒野:伦理

　　　　　带走的只是照片,留下的仅有脚印。
　　　　　　　——摘自国家洞穴学会(National Speleological Society)

　　民族志学者不是在真空中工作,他们生活、工作于人群之中。他们常常窥探人们的内心秘密、神圣仪式、成功与失败。在从事这项与人打交道的科学研究的同时,他们也遵循一些道德规范,这些规范保护参与者的权利,有助于在田野中的沟通,为后来的研究者保留着一扇敞开的大门。

　　民族志伦理的首要准则是,民族志学者不能伤害他所研究的人或团体。在文化的荒野中寻找一条符合逻辑的道路,民族志学者要小心,不能伤害当地人的感情或亵渎他们的神圣文化。这种对社会环境的尊重,不仅确保了研究对象的权利和资料的完整性,而且保证了人们与研究者之间持久而有活力的关系。职业的作风和精细的步骤体现出民族志学者对人们生活方式的尊重、赞赏和正确评价。非侵犯性的民族志研究不仅体现出好的伦理规范,更是好的科学(参看美国人类学协会的"职业责任的原则";同时参看 Rynkiewich & Spradley, 1976;Weaver, 1973)。

　　这一章将简要讨论民族志研究方法的多样性,以阐释在民族志研究中,(学者)所做的那些合乎伦理的决定的复杂性。然后,还将指出在民族志研究的整个过程中,需要做这些决定的重要关头。

民族志学者的角色

　　研究者对文化或蕴涵于文化中的一个具体问题进行研究时所扮演的角色,决定了问题被定义的方式。例如,心理学家、人类学家、医生、政治家对同一个问题的不同定义将会导致使用大相径庭的方法。与此类似地,不同类型的人类学家将会对问题进行不同的定义,并且用不同的方法去探讨它们。这本书从大多数的民族志研究方法的共性中,抽象出民族志研究的基本特点,同时也注意到例外是不可避免的。这里讨论的焦点是一个具体的民族志研究角色的定位——学术型的或是应用型的——是怎样影响研究计划从定义问题到报告成果的每一步的。

【133】

学术型的和应用型的民族志研究

　　通常,民族志研究发生在学术领域,它启发学生和同行,建立一个关于文化和理论的知识库。学术的或基础的研究是研究中的主要形式。但是,应用性研究也同时存在。

　　应用型研究通常旨在研究社会的变化,并影响着制度性政策。大多数的应用型民族志研究工作——管理型、行动型和倡导型民族志——发生在学校、医院、政府机关和学术界以外的其他组织的环境中(Spradley & McCurdy,1989)。在知识和行动的进展中,每一种方法都扮演着重要的角色。民族志学者选择最适合他们个性和专业方向的方法。每一种方法在合适的背景下都是合乎伦理规范且有成效的。然而,每一种方法都可能会导致伦理困境和伦理约束。民族志研究的方法——像科技一样——根据它们的应用,(将导致)可能更好或是更糟(的结果),合乎伦理的还是违背伦理的,就看研究者如何运用了。

学术型的民族志学者

各种各样的压力,从同行的到资助者的,都在影响着学术型的研究者。正如其他专业人员一样,民族志学者也要被迫去适应体制压力。对于学者而言,工作上的压力是非常真实的,包括终身教职,每年不断增加的薪水和职位升迁等。然而,用于评价学术型民族志学者的标准与用于评价应用型民族志学者表现的标准是不同的。学术评价在很大程度上依赖于资助、论文、文章和著作,对委员会的贡献以及表彰和教学。这些压力和需要影响着人们的研究——特别是当他们决定如何定义和解决一个问题时。校长、系主任和该领域其他资深学者影响着新进学者对问题的认识。一个研究者对探究一种文化或一个问题的理论立场可能决定了他在该领域的职业定位和级别。当占主流地位的询问方式与民族志学者或参与者的观点不一致时,这种影响可能会产生问题。为了确保获得资助,学者必须把个人的研究兴趣和投资者的关注点联系起来。考虑到有限的资源,一个成功的受资助者知道要怎样界定研究和怎样把研究计划具体化,以赢得资助。这项任务常常要求有敏捷的头脑,通过重新设定询问的重点,并在撰写其他不同奖助申请计划时,有针对性地改写和替换有关分析段落。

[134]

学者必须是上进的、有事业心的,在追求知识上是独立的。就理想而言,这些知识的崇高目的在于——加强对个人和社会的教导、增强自我意识和认知。然而,学者可能在途中迷失。学术研究可能会变为一种神秘的、远远落后于时代的追求。

实用性永远是象牙塔中的一个议题。象牙塔内部进行的许多的工作被公众认为是不相干的、近亲繁殖的,属于一个孤芳自赏的体制的(Jacoby,2000,关于此话题有引人入胜的讨论)。这些学术成果的实用性总是会受到质疑,每一个研究成果一定与知识的发展有一些联系,并且某种程度上会给社会带来一些益处。

哈贝马斯(Habermas,1968,p.314)的结论"知识和利益是同一的"迫使研究者发出这样的疑问:他们在为谁、为什么而搞研究?每个人在一项特别的研究事业的结果中都有既得利益。研究者需要意识到他们自己的既得利益,以及面对任何一个特定研究项目中各方复杂的既得利益,他们所需扮演的角色。这个问题不应该让研究者手足无措,而应该影响他们的研究设计,并被当作检验结果的标准。

像大多数的研究者一样,学术型的民族志学者以尽可能学术和合乎伦理的方式进行研究。但是,现实世界的限制确实影响他们的研究。象牙塔的神秘性使得许多人相信,学术型的民族志学者是不受外界影响的。实际上,与应用型的民族志研究学者相比,学术型的研究者同样会受到既得利益的影响和约束。

应用型的民族志学者

应用型研究者面对的伦理困境是在他们工作的环境中产生的。对几个最重要类型的应用型研究者的讨论为每一个研究者做出伦理决策提供了线索。理解民族志研究方法之间差异的关键在于理解研究者对研究计划(方法)和研究目的的控制程度。 【135】

管理型民族志学者

管理型民族志学者(administrative ethnographers)掌控工作方法——而非成果。他们只管做研究,而由行政管理者设计和实施这些计划或创新。许多我自己做的民族志型的评估工作就属于这一类(Fetterman,1984;Fetterman & Pitman,1986)。例如,在我做的辍学生的研究中,由我负责做研究,而由另外三个机构负责运作这个项目,根据研究成果改善项目以及负责提供资金支持。来自各方的大量既得利益者拉扯着管理型民族志学者,包括学生、老师、父母、学校管理者、地方学校管理机构、计划的推广者、资助者和普通纳税人,他们有多方面的要求。

　　传统的人类学训练民族志学者在研究中如何应付处理不同的、相冲突的世界观,但并没有教他们做好准备,解决在这样的环境下产生的混乱的、被扭曲的伦理困境。例如,管理型民族志学者的一个经典困境是对成果的报告。传统的训练规定研究者要和圈内的所有人士分享他们的研究成果。然而,在对辍学生的研究中,政府协议草案中要求研究报告只能送予资助者和项目推广的机构。我们在研究机构签订合同以开展对这些项目的研究的时候,也只有相信项目推广机构会发挥该计划的最大效益并且将和所有人分享有关信息。

　　然而,负责项目推广的机构并不想要两个当地的辍学生项目人员拥有这些信息。他们的理由是:其中一个项目刚刚开始不久,可能无法以一种有建设性及有成效的方式来解读这些研究成果。这种限制使我们处于不利的环境。研究公司找到了一个创造性的解决方式:按照合同的要求,它把报告传送给项目推广机构和资助者。一封报告附带的信件要求,研究者要求每个项目成员在月底前必须向研究者直接提交反馈意见。信件同时解释说,届时如果没有从项目成员中收到反馈意见,研究者可以假设报告在邮寄过程中丢失,然后直接和项目有关人员联系——给他们发送报告的"副本"。这样的策略可以检查稿件的分送情况,同时让研究者不必妥协,也不会违反协定书。

　　当民族志学者为大学和公司里的管理者作管理咨询时,问题就加倍严重了。在这种背景下,研究者为有限的读者写报告——即高级的管理者。通过确保所有的人员从一开始就知道报告的有限的流通发行量,研究者可以把伦理的困境减少到最小。然而,参与者总是暗暗希望他们能够至少获得一些初步的反馈。研究者通过打电话、拜访和书写备忘录来满足这种期望,但是管理型民族志学者很少会把所有参与者的名字都写进最终报告的分发清单中。在一些尤其敏感的情况中,例如,不道德的或非法的雇工活动,把研究成果分发给除了受调查的雇工以及适当管理人员以外的任何一个人都是不负责任的。

　　参与者常常分享他们组织内的基本价值观。在传达管理信息时,大多数的雇员都认同一种由高及低的层层传递的管理体系。虽然没有成文规定,但大家都明白交流也有等级之分,因此参与者将不会期待所有的资讯都能公开。这种态度也催生了一种困境,它使得无论从管理者或是员工的角度来看,向一个"错误"的等级透露任何重要的消息都是不当的行为甚至是禁忌。

和其他所有研究一样,民族志研究中最基本的伦理问题是:谁来决定研究的方法和目的? 然而,在辍学生研究中,这样的问题并不存在,因为政府掌握着一切。没有政府的支持,计划和研究都不存在。因此,在这种情况下,伦理的问题是,这项研究有用吗? 研究工作会富有成效吗? 它把重要的社会问题告诉公众了吗? 这个问题的答案部分取决于政府官员是否公开研究成果——不论他们如何公开——或者做出政策性结论。作为一个管理型民族志学者,我会拒绝参加已经由资助者预先设定了结论的研究;这样的研究永远都是一种科学的和道德的欺诈。

行动型的民族志学者

行动型的研究者尽可能地不让自己扮演有影响的角色。他们只是做研究而已。让被研究的群体中的人为项目或革新进行设计和寻找方法。索尔·塔克斯——这种研究方法公认的创始者和开发者——将该方法应用于印第安狐族(Tax, 1958)。他是狐族人的催化剂:他澄清问题,把社区中的各种变化的选择都一一列举出来。实施一个具体创新和目标的决定,例如改变群体的经济地位,仍保留在狐族人自己的手中。他们还控制着实现这种变化的方法——比如制作和出售瓷砖。

【137】

行动型的民族志研究仅仅在社区能自主作决定的情形下才能发挥作用。前面讨论过的辍学生项目,对于他们所处的困境,他们既没有凝聚力也没有权力来做任何的事,就算没有别的研究方法,采用行动民族志仍是不合适的。另外,行动型民族志研究要求,族群要有相关的决策过程。这也是辍学生无法具备的，因为他们没有任何的政治体系。最后，行动型民族志研究要求，族群要控制促成变化所需的资源，这些变化是它所希望发生的。辍学生，像斯波拉德里（Spradley，1970）研究中的流浪者一样，无法控制发生根本性变化所需的资源。

一段时间下来，我已经能接受在顾问的工作中采用行动民族志的做法[1]。一个介入邻居间和操场上的学生间的矛盾以进行和平谈判的组织，雇佣了斯坦福大学的一个研究小组来帮助矛盾双方决定他们的目标，描述和评估调解工作的现状，并提供各种替代方案来促进及扩展努力的成果。作为主要的调查者，我发现成果既令人满意，也让人沮丧。我喜欢和参与者一起工作，让他们能对自己的命运作决定，我相信他们的工作。然而，看着他们做出那些我知道尽是问题且不会奏效的选择——我也警告过他们——仍让人难受。

有两个重大的伦理困境产生于这项工作，这两个困境可以推广到其他的行动型民族志研究事业中。首先，民族志学者必须相信，这项事业是值得的。帮助一个群体决定他们的命运是好的，除非这个群体有破坏社会的倾向。在投入这个事业以前，研究者必须问一问这个计划的价值。

第二，民族志学者的偏见会产生更加微妙和实际的伦理问题。给予一个群体或一个顾客各种选择——甚至是研究者可能不同意和不喜欢的选择——是容易的。但是，研究者必须控制在这种反映个人偏爱的给予中表现出下意识的差别。研究者会无意中更关注某一种选择，花更多的时间在偏爱的选择上，或者是在提供这一选择时表现得更期望对象能信服。信息过剩是一种方式——尽管是无意识地——可以劝阻人们不要考虑某个选择。在创造自由选择的假象的同时，可以有很多有意或无意影响决定的策略。

如果个人的偏爱变得较为明显，研究者可以控制这种微妙的偏见。例如，通过引导或检测对其他人的重要陈述，研究者就可以控制在每一个主题上花相同的时间及运用相同的语言进行强调的程度。与同伴一起合作来进行陈述，以监督每一个

人是怎么交流信息的,可以减少微妙的但形式化且可观察到的
人为影响。自我约束和自我批评是用来控制与参与者随意性
交谈过程中出现的下意识影响的唯一的工具。

倡导型民族志学者

像其他种类的研究一样,倡导型民族志(advocate
ethnographers)研究在研究者生命中占据着很大部分。倡导型研
究者允许参与者定义他们的现实,考虑他们关于解决自己问题
的理想方法的观点,并在促使社会变化的过程中采取主动。这
些研究者是该群体的宣传者。他们在公众论坛写作以改变公众
的看法,使得捐客蒙羞,在合适的时间,在决策论坛上,提供关于
某一情况的相关信息。

在做完辍学生研究和确定项目应继续获得资助之后,我积
极地把大量有用的关于项目的研究成果向政府或准政府机构
中的人员宣传。该项目研究小组则以该项目获得的民族志研
究成果为基础充分准备了一场"联合推广评审小组发布",来
提高项目的可信度和潜力,以此保障将来的资助。

我也曾在学术和政府的背景下作为倡导型研究者发挥过
作用。在关于辍学生的研究中,我写过关于误用处理控制的文
章和报告。我解释道,这些年轻人正给社会另一个机会去应用
这些项目,得到的却是一记耳光——被拒绝或被置于受支配的
地位。我也建议,资助者复制辍学生项目的观念是脱离实际
的。和人一样,项目也得适应属于它们的环境。期待一个项目
像细胞一样复制它自己是不现实的,而且一开始就注定要失
败。这两种做法都把错误归咎于受害者——学生和辍学生项
目。我在关键时候——当时,将这一方法正式用于评价所有的
社会项目的努力正在进行——发表了这些文章(Fetterman,
1981b,1982a,1982b)。

类似地,在对国内和国外的有天赋的孩子在教育方面做了
深入的研究之后,我出版了该领域内适合专业和非专业人士看
的一本书。这本书描述了在一个适应中庸的制度中那些有天

赋的小孩的困境(Fetterman,1988a),并尝试告诉有文化的且关注该主题的人们这些有天赋的孩子的特殊需求。这个行动与米勒的立场(Mills,1959)是一样的:

> 对于社会科学家而言,他们工作的潜在意义不需要受它所在环境的"意外事件"影响,工作的价值不需要被其他人的目的所决定。讨论工作的意义及决定其应用的权力完全属于他们自己(p.177)。

向关心该主题的公民们陈述研究成果是研究者的法定责任。但是,这样的宣扬,却是一个政治和公关的活动。在这种背景下,展现研究成果,目的在于影响信息的使用。扮演政治家的研究者,在进行研究和展现研究成果时,容易变成政治游戏中的人质。倡导型民族志研究是合法的,也是合乎伦理的,但是应该在研究完成之后进行。

研究的生命周期

伦理问题遍布在民族志研究工作的各个阶段。然而,缜密的民族志工作更是常常处于选择方法还是选择伦理的十字路口。当民族志学者必须作出明智而又满足科学和伦理要求的决定时,他们即会发现自己处于两难的境地。

萌发和胚胎期关怀:问题

对文化或亚文化以及问题进行定义和选择分别会构成一些重要的伦理抉择,这些抉择成为民族志研究生命周期初期的特征。正如第 1 章和第 6 章讨论的那样,抉择种下了计划的种子,并且把它培育成为一个完全成形的想法和研究计划。

有无数的问题等着去研究。一些问题在更大的框架中比另一些要有意义,而另一些则更有价值,也有其既得的利益。民族志学者的偏见可能会对主导方也可能会对从属方的利益有利。例如,在我对辍学生的研究中,不同组的人用不同的方式定义问题。这些不同的观点来自于他们对项目不同的看法。政策制订者对研究项目感兴趣,这些项目切实可行地回应了劳动力市场这一严肃的问题——高辍学率及年轻人高失业率。他们也特别对从学校到工作的过渡期感兴趣。而社会改革者们则把研究项目看作是一个纠正社会不公和促进少数族群中的年轻人社会提升的工具。研究者则是把研究项目看作是探究美国教育平等的机会。问题的选择和定义与研究方法一样,都有关乎伦理的陈述。 【140】

孕育及出生:研究设计

为了申请研究经费,研究的问题、人员和地点第一次被同时写到计划中。写一份申请经费的计划为研究奠定了基础,并确定了研究的基调。有经验的研究者在这一阶段,学会了掌管和设置预算——为田野作业者提供设备和时间以思考、分析资料,撰写研究结果。粗劣的计划将会对整个研究的健康、稳定和寿命造成严重的影响。不合适的计划会使民族志学者预算超支,使研究的重要区域被迫被去除,或者使(研究计划)过早地中止,在整个研究过程中会产生许多压力。这一阶段也是弄清诸如谁拥有原始资料这样问题的时期。通常,民族志学者努力控制原始资料,以便他们能够控制机密,保护重要的信息提供者和其他参与者不受伤害。把计划中的原始资料的所有权具体化的好处,已不止一次地在我自己的研究里被证实。

类似地,民族志学者必须把他们方法论的意图清楚、诚实地传达给资助者。不诚实,包括重大的忽略,将会在稍后的研究中显现出来。并且,书写与提出以及等待接受或拒绝提议的这段时间,都是属于怀孕期的一部分。某些提议流产了,某些被拒绝了,只有最好的(或至少是最成功的计划)在这个过程中浮现出来,并获得正式的资助。

助产士:机构委员会

本章所描述的原则和标准引导了民族志研究。民族志学者运用这些原则去指导他们的民族志实践。此外,联邦政府和其他基金会支持的民族志工作要接受机构评审委员会的评审。在开展研究前需要获得他们的批准。研究和管理人员小组评审民族志(和其他)计划是为了保护"人类被试"或被研究的个体远离危害。他们主要关注的是伦理与对研究对象的保护。机构评审委员会的出现是由于一些研究实际上损害某些个体,包括从塔斯基吉实验(Heller,1972),该项实验中,非洲裔美国男性梅毒携带者被允许不予治疗以观察研究该病症的影响,到纳粹科学家对人类肉体进行实验的暴行(Weindling,2005)。机构评审委员会要求,研究对象必须拥有足够的信息来对他们的参与作出明智的决定。此外,参与者必须能够在任何时间退出研究,必须消除任何对他们来说不必要的风险,从研究中获得【141】的社会效益必须大于风险。因为许多民族志学者总是不知道在现场将会发生什么问题,所以于他们而言,机构评审委员会代表着一种重要障碍。许多评审者采用生物医学模型而不是一个社会学或人类学模型。参与者是经常一起工作的合作者,而不是接受治疗的受试者。尽管对伦理议题存在这些合理的关注(Denzin,2003;Madison,2005,pp.118-119),起草由详细的方法说明章节、访谈问题、正式的调查问卷,以及机构评审委员会可以接受的知情同意书组成的写作上乘的研究计划书,还是可能且有用的。许多机构评审委员会的委员是锦上添花的合作者,他们发现问题并提出建设性意见,以便在研究计划被正式评审之前解决这些问题。他们可以协助促进生产过程。尽管在该领域存在不可避免的弯路和偏离,研究计划和机构评审委员依然会促使民族志学者提前思考和努力规划(第三方研究视角带来的益处)(关于研究伦理的更多细节,参看 Sieber,2009)。

童年:田野准备

在健康人生开始之后,民族志研究计划进入了它的成长时期——田野准备。尽管计划细致地描绘了一个蓝图:民族志学者计划做什么,但是在进入田野之前,仍然有许多工作要做。民族志学者必须确定关键角色和报道人,制订详细的行程、会面约定及其他进入田野的计划安排。此外,在这个阶段,研究者通过与资助者进行常规的"核查",来减少伦理问题、方法论、和合同上意外事情的发生。在这个时期,第一印象决定着相互间的交往。资助者、项目人员和社区成员可能会把估算错误、沟通不良或违反合同,理解成伦理上的失礼或彻底的欺骗。这种有意识或无意识对伦理的违背会使民族志研究中途夭折。因此,民族志学者必须非常小心地进行田野作业前的准备工作。

青春期和成人期:田野作业

最初,对计划的参与者及计划本身而言,田野考察就像青春期。田野作业者必须学会一门新的语言、新的礼仪,了解许多新的文化信息。这个时期以极度的兴奋、沮丧和迷惑为标志。民族志学者必须忍受个人生活上的和专业工作上的繁杂状况,并将其作为学习经验的一部分。

在整个民族志研究生命周期中,各种潜在的原则贯穿并作用于所有的民族志研究形式各个关头。但在青少年时期,这些原则变得突出,它们覆盖的范围包括从知情同意到进行严密精确研究的整个过程。 【142】

许 可

民族志学者必须正式地或非正式地寻求同意来进行他们的工作。在学校,正式的书面申请是必需的。民族志学者的书面申请常常会附带一份对研究目的和计划的详细描述。类似地,在大多数的政府机构和私人行业中,研究者要提供一份正式的申请,接受书面的许可。请求和同意的性质根据研究背景的不同而改变。例如,在对流浪汉的研究中,对于研究者不存在正式的表达形式。但是,许可对于进行一项研究仍然是需要的。在这种情景下,要求可能就被简化成这样的问题来询问流浪汉:"我对研究你的生活很有兴趣。如果方便的话,我想请教你一些问题。"在这个情景中,对目的和方法进行细致的解释可能会产生相反的效果,除非当事人要求更详细的解说。同样地,在获得了一家大公司的许可以后,研究者一定会询问每一个人以得到许可来讨论一个指定的话题。照片和磁带录音也要得到参与者的允许。如果民族志学者为了教育的目的,在专业讨论会,或在演讲和出版物中,打算使用照片,那么书面的许可尤其重要。这种标准的目的在于尽可能直接简单地保护个人隐私(参看本章前文机构评审委员会部分提出的更多关于该话题的讨论)。

诚　实

民族志学者对待他们的工作必须诚实,要解释他们计划研究什么,怎样进行研究。在一些情况下,细致的描述是合适的,而在其他情况下,普普通通的陈述是最好的,这要根据听众的类型和话题的趣味性而定。几乎没有人想要对民族志学者工作的理论和方法论基础进行细致的探讨。然而,在整个研究过程中,研究者应该为给任何一个有此要求的参与者介绍这方面的信息做好准备。在民族志研究中,欺骗的技巧是不需要的,也是不合适的。民族志学者不需要隐瞒他们的研究成果,或使用精心设计的手段来哄骗人们对一个具体的事物作出回应。在这方面,其他的学科是不一样的。例如,心理学研究,常常要求目标群体不知道试验的目的。

[143]

米尔格拉姆做过以"对权威的服从与不服从"为主题的心理学研究,作为一个大学生,我"在不知情的情况下"参加了这一个心理学的反应研究。这个实验很简单,而且设计得很巧妙。研究者告诉我们,实验的目的是关于惩罚对记忆的影响。参与实验的人假想地扮演老师和学生。"老师"要教"学生"一些词组。每次学生回答错误时,老师应当惩罚学生。因此,第一个欺骗是使参与者错误理解研究的目的和与学生的合作关系——这个学生表面是个不知情的实验对象,但事实上却是该实验小组的一个成员。

扮演老师的我坐在一间面对学生的小房间里,这个学生已被捆在一把椅子上。实验者告诉我,每当学生在预先设计的测试中,做了不令人满意的回答,我就有权电击学生。一个主导实验的人说,他会对发生的一切负全责,而我要参加一个实验来获得学分。当场我就退出了这个实验。实验主导者和实验对象一直追赶我到大厅,喊道:"停下,等一会儿。"他们向我道歉,并主动解释这个实验的性质和目的。

他们解释说,通常,大约65%的老师会继续电击这个学生——即使他们被告知每犯一个错误,电击的电压会持续上升,且学生已有心脏不适的反应——只要他们被告知会有其他人对此负责。他们还告诉我,实际上并没有真正的电击(第二个欺骗)。这个实验只是一个简单的测试,来观察如果被解除了对行动的责任,人的行为会发展到什么程度(他们还告诉我,即使我回答偏了,我也会得到两个学分)。

这个实验的结果对大屠杀中纳粹分子和其他人的行为提出了深刻的见解。然而,这个研究方法却让我很不是滋味,使我对参加其他任何的心理学实验更加谨慎。这个实验也影响了我在其他我参加了的实验中的行为。我常常发现自己会努力找出他们正在寻找什么——然后给出相反的答案。研究者担心把他们的研究目的告诉我会破坏他们的实验。结果,我和其他许多给出类似答案的学生故意破坏了好几个研究。

民族志学者承认存在此类问题。在他们的整个研究中,他们依赖参与者的帮助。因此,精心营造的欺骗性战术仅仅对简短的交往有用,而对于他们在长期的田野作业中要求的那种关系是毫无作用的。另外,民族志学者对人们在自然情境下是怎么思考和表现的很感兴趣。像其他任何的研究者一样,人类学家担心参与者还是会想告诉他们研究者想要听到的东西或是努力预测研究的日程。欺骗的方法强化了参加者的策略,暗中破坏了参与者的信任,而信任对任何一项民族志研究成果都极其重要。

信 任

民族志学者需要得到跟他一起工作的人们的信任来完成他们的任务。一个建立了信任契约的民族志学者将会明白研究中的任何一个群体或项目的多层意思。民族志学者建立的这份契约是以诚实为基础的,并通过语言和非语言的方式表达这种信任。他们可能说得简单,但是随着需求的增加,他们会承诺信任。在非语言方面,民族志学者通过自我表现和一般的行为举止来表达信任。得体的服饰,一个大方的身体姿势、握手及其他的非语言信号可以建立和保持民族志学者和参与者之间的信任。

行动胜于言语。民族志学者在田野中的行为通常是最有效的巩固关系和建立信任的方法。人们喜欢说话,而民族志学者喜欢倾听。当人们知道民族志学者会尊重和保护他们的谈话时,他们会一天比一天开放一点,因为他们相信研究者不会失信。信任是一种即时的、自发的化学反应,但是像建立友谊一样,它通常是一个漫长、稳定的过程。

在研究中,民族志学者通常和他的同事保持一种内在的信任。一位有影响力的黑人领袖邀请我去他家讨论他如何成功地协调政府对辍学生项目给予支持。当这次非正式的深夜访谈进行至一半时,他解释了为什么他不在自己的组织中雇佣白人。他辩解到,这与资格问题无关,雇佣白人就等于在抢夺黑人的饭碗。而且,白人使他的生活痛苦,雇佣白人会成为"自我轻蔑和自我憎恨"的一种形式。

这种反向歧视并未成为我们当时讨论的问题。这次见面的目的是获取组织首领的认同和理解他的世界观。他表现得极其友善。然而,在后来的研究中,这些反向歧视的言论变得非常有用,可以用来了解他的机构的组织原理,我不加任何评论地搜集信息,因为我含蓄地承诺了一种不带任何评判色彩的信任,我从不把他的名字和观点联系在一起,因为他是在完全信任的情况下发表这番言论的。

当我作为一个副主任和一个民族志学者在一个老年人日间护理中心工作时,信任和宽容又起了作用。当我接近贝特西时,我正在搜集最初的访谈资料,以此作为获取这个项目参与者信任的一种方法。贝特西是一个90岁的女人,是中心里最和蔼、最友好的一个人。在我第一次与她的长篇谈话中,她开始用一半德语一半英语跟我聊天。我试着用德语问了几个试探性的问题,她便滔滔不绝地谈开了。在谈话中,我听到她不断地重复"Arbeit macht frei"(工作使你自由),我及时地意识到她是指刻写在那些集中营大门上方的文字。我的第一印象是她是个幸存者,很像我在以色列共事的幸存者。然而,不久我觉察到,她不是一个受害者,而是一个纳粹活动的支持者。当我问到有关犹太人和波兰人时,她向我解释"那是他们罪有应得",因为他们是使她的国家财政和道德破产的原因。她曾是纳粹组织大会团体的一员,并回忆起她曾拥有的黄金岁月,那时阿道夫·希特勒竟然和她握过手。贝特西是我在中心和其他女人联系的纽带,大家都喜欢她,她把我当朋友相待。我已经扩展了内在的信任。作为一个民族志学者,这是我最难保持职业伦理平衡的行动之一(Fetterman,1986e)。【145】

人们常常给予民族志学者的信任,这与他们给予牧师、老师、精神病医生、门诊心理学家、医生和律师的信任是一样的。民族志学者有义务保护她或他的隐私。在人际关系上的错误、失察和判断失误会像任何笔记或数据的错误一样破坏研究成果。

化 名

当民族志学者被接纳进入所研究的社区或组织中时,计划就达到了成熟阶段。通过把之前未被揭露的符号和文化知识开发到一个新的水平层次,被接纳提高了资料的质量。当民族志学者达到生命周期中的成人期时,揭露神圣文化知识的问题则更具争议性了。

民族志研究的描写通常是细致而发人深省的。他们探究正常人际交流的另一面。这样的描写可能会伤害到个人。一个人可能会坦诚地谈论邻居的疯狂聚会以及他(她)打电话向警察投诉的事情。另一个人可能会揭露一个项目主任的专横而苛刻的行为。还有一些人会揭露一些关于办公室政治的消息。每一个人都会为制度是怎样运行地提供无价的信息。然而,如果研究者揭露了这些信息的来源,那么这个设计精美的邻里间或学校里、办公室内的严密的关系网就可能会被破坏。同样,涉及进行非法活动的个人——从在宗教仪式上买卖剧毒响尾蛇的贩子到为建立一个歹徒团伙而在东底特律出售海洛因的人,很自然地会担心研究者揭露他们身份以后产生的后果。

化名的使用是隐瞒个人身份,保护他们免受潜在伤害的一个简单办法。隐瞒村庄或项目的名字可以阻止那些好奇的人对社区进行访谈,保证正常的社区成员生活的社会结构。同样,把机密的信息编译成密码有助于保护它们,使其免于落入不法分子之手。

在有些例子中,化名并不十分有用。按规则,部落村庄只有一个首领,学校只有一个校长,社会项目只有一个负责人。然而,化名的使用仍然可以使这些人不受研究者及广大读者的伤害或干扰。

民族志学者必须对每一种需要公开参与者身份的情况作出判断。研究者必须决定这些信息是否真的足够重要乃至于必须在公开参与者身份的情况下使用它,或者同样的信息是不是能够用另外的方法或使用其他来源,以及是否要因为显然给参与者带来了伤害而放弃研究成果。另外,在许多情况下,一些文化或项目都是公开的资料。某些情况下,参与者则要求研究者使用他们的名字(Booth,1987)。在这些情况下,民族志学者必须作出自己的判断而不是搞家长式的作风。

互　惠

民族志学者占用了人们很多的时间,作为回报,他们应该给予人们一些东西。在一些情况下,民族志学者同情有麻烦的人,并为他们提供服务。在另一些情形中,民族志学者会以提供工作和传授技术作为交换——例如,给参与者教英语或数学、为奶牛挤奶、清扫鸡笼,或者帮助重要的参与者装配一台新的电脑,教他学习使用软件。作为一种互惠,民族志学者也提供他们的研究结果。

为提供的帮助直接付费在一些情形下是合适的,例如,让参与者帮助散发调查问卷、雇佣他们作为考察的导游、请求各种各样的技术协助。但是,直接的支付不是我们大力推荐的一种互惠形式。这种方法常常加强了人为需要的模式,培育不良的期望。在整个研究中,直接支付也会影响一个人的回答或建议。一定形式的互惠在田野作业中是必不可少的,在一些情况下,也可以在研究完成以后进行,但不应该将互惠变成一种强加于人的、影响研究公正性的、有违道德伦理的活动。

【147】

犯罪知情和肮脏之手

在田野作业的更深入阶段,民族志学者会遇到"犯罪知情"和"肮脏之手"的问题。犯罪知情是指获悉非法活动的机密消息。肮脏之手是指在这一情形下,民族志学者干了一些不道德的事(Fetterman,1983；Klockars,1977,1979；Polsky,1998)。

在我关于辍学生的研究中,我和一个学生建立了良好关系,他带我去一家健康食品商店,为我买格兰诺拉麦片,并告诉我据他了解的情况应该要到哪里调查内幕消息。我掌握了一些非法活动的机密信息,并且成为了这个活动的参与者——尽管是在不知情和不情愿的情况下。然而,对我而言,告发这个案例中的学生或是那家健康食品商店都是不道德的(Fetterman,1983)。

在另一个极其敏感的案例中,我认为有必要控制那些有可能泄漏的信息。在访谈一个实验项目中的一个学生时,我听到了一声尖叫。我离开了那个学生,冲向了事发地。校长就在我前面 20 英尺的地方,重重地敲着门,努力着强行把它打开。在那之前,从房内传出过清晰的充满肉欲的声音。当校长强行把门打开后,我们发现一个导员和一个学生在进行性活动。他们刚才是直立地倚靠着门,现在则是半直立、半躺在地板上。这个导员被悄悄地开除了,那个学生也被暂时停学,移送到一个合适的看护中心。

校长和我花了一个晚上的时间讨论此事和我们相互间的责任。我相信,这种情况很少遇到,校长很得体地解决了整个问题。我们知道如果把这个事件向资助者报告,那么学校会被永久性地关闭。作为一个民族志学者(或是一个评价者),我对无数的人负有道德上的责任——从纳税人到从这个项目中获益的学生,以及一些更加认真负责的人员。基于传统的风险和成本效益分析(Reynolds,1979),最终,我决定不揭露这件事。同时,我认识到,报告这件事相当于方法论意义上的自杀行为(Fetterman,1986e)。

【148】

严谨的工作

伦理和质量是民族志研究工作中的内在要素。像大多数的科学家一样,民族志学者工作是为了创造出有质量的成果和产品。任何妥协都意味着对责任的放弃,会危害研究成果并影响其可信度和效果。

履行对参与者、同伴、资助者和纳税人的义务,需要巨大的努力。在任何的研究活动中,参与者都处于最大的风险之中:他们提供的信息可能会对他们有利,也可能会不利。民族志学者采取预防措施来保护参与者。保护参与者的最重要的一个原则就是要好好工作。诚实地、全面透彻地、令人信服地、清楚明白地进行工作对参与者是有好处的。而马虎随便的工作将会导致误解和事实的不准确。事实不准确会使试图理解和帮助这个被研究群体的利他主义者不知所措。民族志学者不仅要保证研究的成果,而且要保持研究过程的质量。对一种文化或一个研究群体进行精彩的描述是不够的。研究者必须努力认真地进行每一次访谈、观察和任务分析。在任何一个阶段,缺少严谨或干劲将会使最终的研究成果的准确性和质量大打折扣。同样地,在田野作业中,失败的人际关系会对民族志研究或是民族志研究的信息报告产生不好的影响。所有的这些缺点会通过误传和误解而危及研究群体。

严谨的努力让研究的知识基础更富有意义,一个设计不良或实施不对的研究只会给这个体系添乱,并且浪费时间和精力,这些时间和精力如果用在其他地方可能会更有用。它也浪费了其他人的时间,这些人尝试把希望建立在这个不稳定的基础之上。此外,任何会降低科学工作可信度的诡计和骗局都会造成涟漪反应:它损害了整个科学群体的名声。没有可信度的科学家无法有效地工作。伪造数据,在田野中的不专业行为,或是剽窃,这些行动暗中破坏着对学术群体的信任(田野中一个有争议的剽窃案例,看 Fetterman,1981a,1981c;Rist,1981)。

退休及最后的仪式

当计划完成的时候,也意味着研究者履行完了他们对发起机构的义务,完成了对某一个特殊文化的研究,退休的问题就来临了。研究者对资助者的道德义务就是完成合同上承诺的工作,或至少告知资助者歧途和可能选择的路径和方向在哪里。当研究者已因压力而筋疲力尽或工作不再高效时,研究工程也就最终结束了。不道德的或不好的工作也许会以资金被收回而告终,参与者则处境艰难——尤其是在工作还需要继续资助的情况下。它也会剥夺同伴以更有成效、更职业的方式使用资金的机会。

【149】

马虎随便会把资助者置于一个危险的境地中。资助者对各方负责,就像美国联邦议员对国会负责一样。资助者,如果在选择研究者或是提供某一特殊政策需要的研究信息时有不良记录,那么他们可能没有机会再做同样的工作了。他们的工作风险,以及那些由他们给予资助的研究者的工作风险是很高的。政府的发起者对纳税人负有首要责任,要解决基本的社会问题。在这些领域中,废止活动(abrogations)是对民族志学者的暗示,要他们考虑退出研究计划,或是退出这个学科。

伦理贯穿着民族志研究的始终。在整个研究的过程中,民族志学者都站在伦理的十字路口。伦理实践准则和伦理困境案例指引了民族志学者作出伦理决策的时机。然而,许多人认为伦理决策应根据不同的情境来处理,因为每个问题有其自身独特的复杂性(British Sociological Association,2001;Christians,2005;Lee-Treweek,2000;Punch,1994;Riddell,1989)。民族志研究生涯使人敏锐,并最终改进和提高研究活动的质量。

结 论

民族志学者一定会在多文化的荒野里徘徊,学着用各种人的眼光认识世界。民族志学者的旅行带领着研究朝未知的方向前进,克服那诱人的危险,穿过危险重重的沼泽地。若没有充足的准备,这趟旅程可能会变成一场噩梦。

民族志学者必须能够确定和选择合适的问题,必须学会使用理论、概念、方法、技术和在田野中使用适当的装备,之后他们开始在一个陌生的文化中旅行。民族志学者必须会分析他们的资料,并清楚而中肯切题地写下他们的所见和记录。另外,他们必须学会处理他们在每一个十字路口遇到的众多伦理困境。

这本书的目的是引导那些初学的民族志学者通过他们必须穿越的文化荒野。每一章都沿着小道设定了里程碑。具有讽刺意味的是,好的民族志研究要求研究者不但要探询正道,还要探询弯道,让他们迷失在文化中,以学习认识文化。我希望这本书对于新手而言是有用的指导范本,对老师而言是良好的工具书,对有经验的民族志学者而言是有效的提神物。那些发现自己仅仅刚刚开始旅行的人并被他们还未经历的旅程所吓倒的人,可能会在老子的哲言中找到安慰:"千里之行,始于足下。" 【150】

注　释

1　行动型民族志影响了"授权评估"的发展。我在我的国际咨询工作中广泛使用"授权评估",包括在澳大利亚、巴西、加拿大、埃塞俄比亚、芬兰、以色列、日本、墨西哥、尼泊尔、新西兰、南非、西班牙、英国以及美国。它用于帮助人们实现自助。带着提高项目绩效的目的,社区成员被教导如何评估他们自己的项目(参看 Fetterman,2001;Fetterman,Kaftarian,& Wandersman,1996;Fetterman & Wandersman,2005)。 【151】

参考文献

【152】 Abramovitch, I., & Galvin, S. (2002). *Jews of Brooklyn.* Waltham, MA: Brandeis University Press.

Agar, M. (1980). *The professional stranger.* New York: Academic Press.

Agar, M. (1992). *Speaking of ethnography.* Newbury Park, CA: Sage.

Aldridge, M. (1995). Scholarly practice: Ethnographic film and anthropology. *Visual Anthropology,* 7(3), 233-235.

American Anthropological Association. (1990). *Principles of professional responsibility.* Arlington, VA: Author.

American Anthropological Association. (1998). *Code of ethics of the American Anthropological Association.* Retrieved October 15, 2004, from www.aaanet.org/committees/ethics/ethcode.htm

Anderson, J. (1996). *Communication theory: Epistemological foundations.* New York: Guilford Press.

Atkinson, P. (2002). *Handbook of ethnography.* Thousand Oaks, CA: Sage.

Atkinson, P., & Hammersley, M. (2007). *Ethnography: Principles in practice.* New York: Routledge.

Bank, A. (1986). [Review of the book *Ethnography in educational evaluation*]. *Evaluation and Program Planning,* 9, 180-183.

Barfield, T. (1997). *The dictionary of anthropolog.* Oxford, UK: Blackwell.

Barnett, H. G. (1953). *Innovation: The basis of culture change.* New York: McGraw-Hill.

Barzun, J. (2001). *Simple and direct: A rhetoric for writers* (Rev. ed.). New York: HarperCollins.

Basham, R., & DeGroot, D. (1977). Current approaches to the anthropology of urban and complex societies. *American Anthropologist,* 79, 414-440.

Becker, H.S. (1979). Do photographs tell the truth? In T.D.Cook & C.S.Reichardt (Eds.), *Qualitative and quantitative methods in evaluation research.* Beverly

Hills, CA: Sage.

Bee, R. L. (1974). *Patterns and processes: An introduction to anthropological strategies for the study of sociocultural change.* New York: Free Press.

Bellman, B. L., & Jules-Rosette, B. (1977). *A paradigm for looking: Crosscultural research with visual media.* Norwood, NJ: Ablex.

Bernstein, T.M. (1982). *Dos, don'ts, and maybes of English usage.* New York: HarperCollins.

Bernstein, T.M. (1993). *The careful writer: A modern guide to English usage.* New York: Free Press.

Best, S.J., & Harrison, C. H. (2009). Internet survey methods. In L. Bickman & D.J. Rog (Eds.), *The Sage handbook of applied social research methods* (pp. 413-434). Thousand Oaks, CA: Sage.

Best, S.J., & Krueger, B. S. (2004). *Internet data collection.* Thousand Oaks, CA: Sage.

Birdwhistell, R. L. (1970). *Kinesics and context: Essays on body motion communication.* Philadelphia: University of Pennsylvania Press.

Blalock, H.M. (1979). *Social statistics.* New York: McGraw-Hill.

Blumer, H. (1969). *Symbolic interactionism: Perspective and method.* Englewood Cliffs, NJ: Prentice Hall.

Bogdan, R.C., & Biklen, S.K. (1982). *Qualitative research for education: An introduction to theory and methods.* Boston: Allyn & Bacon.

Bogdan, R. C., & Taylor, S. J. (1998). *Introduction to qualitative research methods: A phenomenological approach to the social sciences.* New York: John Wiley & Sons.

Bohannan, P., & Middleton, J. (1968). *Kinship and social organization.* New York: Natural History Press.

Bonk, C. J., Appleman, R., & Hay, K. E. (1996, Sept./Oct.). Electronic conferencing tools for student apprenticeship and perspective taking. *Educational Technology*, 8-18.

Booth, E. O. (1987). Researcher as participant: Collaborative evaluation in a primary school. In D. M. Fetterman (Ed.), Perennial issues in qualitative research [Special issue]. *Education and Urban Society*, 20(1), 55-85.

Boruch, R.F., Weisburd, D.,Turner, H. M., Karpyn, A., & Littell, J. (2009). Randomized controlled trials for evaluation and planning. In L. Bickman & D.J. Rog (Eds.), *The Sage handbook of applied social research methods* (pp.147-181). Thousand Oaks, CA.

Brent, E. (1984). Qualitative computing approaches and issues. *Qualitative Sociology*, 7, 61-74.

Brim, J. A., & Spain, D.H.(1974). *Research design in anthropology: Paradigms and pragmatics in the testing of hypotheses.* New York: Holt, Rinehart & Winston.

【153】

Britan, G.M. (1978). Experimental and contextual models of program evaluation. *Evaluation and Program Planning*, 1, 229-234.

British Sociological Association. (2001). *Statement of ethical practice*. Retrieved May 23, 2001, from www. britsoc.co.uk/user_doc/Statement%200f%Ethical%20Practlce.pdf.

Burbules, N.C., & Bruce, B.C. (1995). This is not a paper. *Educational Researcher*, 24(8), 12-18.

Burnett, J.H. (1976). Ceremony, rites, and economy in the student system of an American high school. In J. I. Roberts & S. K. Akinsanya (Eds.), *Educational patterns and cultural configurations* (pp.313-323). New York: David McKay.

Carspecken, P. (1996). *Critical ethnography in educational research: A theoretical and practical guide*. New York: Routledge.

Cazden, C.B. (1979). *Peekaboo as an instructional strategy: Discourse development at home and at school* (Papers and Reports on Child Language Development, No. 17). Stanford, CA: Stanford University, Department of Linguistics.

Chagnon, N.A. (1997). *Yanomamo: The fierce people*. New York: Holt, Rinehart & Winston.

Chang, H. (2008). *Autoethnography as method*. Walnut Creek, CA: Left Coast Press.

Christians, C. (2005). Ethics and politics in qualitative research. In N. Denzin & Y. Lincoln (Eds.), *The Sage handbook of qualitative research*. Thousand Oaks, CA: Sage.

Chubin, D.E., & Hackett, E.J. (1990). *Peerless science: Peer review and U.S. science policy*. New York: State University of New York Press.

Clair, R.P. (2003). *Expressions of ethnography: Novel approaches to qualitative methods* (p.98). New York: State University of New York Press.

Claremont, L. de. (1938). *Legends of incense, herb and oil magic*. Dallas, TX: Dorene.

Clifford, J.,& Marcus, G. E. (1986). *Writing culture: The poetics and politics of ethnography*. Berkeley: University of California Press.

Collier, J.,& Collier, M. (1986). *Visual anthropology: Photography as a research method*. Albuquerque, NM: University of New Mexico Press.

Computer-assisted anthropology [Special section]. (1984). *Practicing Anthropology*, 6(2), 1-17.

Conrad, P., & Reinharz, S. (1984). Computers and qualitative data. *Qualitative Sociology*, 7, 1-2.

Cook, T.D., & Campbell, D.T. (1979). *Quasi-experimentation: Design and analysis issues for field settings*. Chicago: Rand McNally.

Daner, F.J. (1976). *The American children of Krisna: A study of the Hare Krisna movement*. New York: Holt, Rinehart & Winston.

Davies, C. (2007). *Reflexive ethnography: A guide to researching selves and others*.

London: Routledge.

Deng, F.M. (1972). *The Dinka of the Sudan*. New York: Holt, Rinehart & Winston. (Reissued by Waveland Press)

Denzin, N.K. (1978). *The research act: A theoretical introduction to sociological methods*. New York: McGraw-Hill.

Denzin, N.K. (2001). *Interpretive interactionism*. Thousand Oaks, CA: Sage.

Denzin, N.K. (2003). *Performance ethnography: Critical pedagog and the politics of culture*. Thousand Oaks, CA: Sage.

DeWalt, K.M., & DeWalt, B.R. (2002). *Participant observation: A guide for fieldworkers*. New York: AltaMira Press.

Dobbert, M.L. (1982). *Ethnographic research: Theory and application for modern schools and societies*. New York: Praeger.

Dolgin, J. L., Kemnitzer, D. S., & Schneider, D. M. (1977). *Symbolic anthropology: A reader in the study of symbols and meanings*. New York: Columbia University Press.

Dorr-Bremme, D. W. (1985). Ethnographic evaluation: A theory and method. *Educational Evaluation and Policy Analysis*, 7(1), 65-83.

Downs, J. F. (1972). *The Navajo*. New York: Holt, Rinehart & Winston. (Reissued by Waveland Press)

Ellen, R. F. (1984). *Ethnographic research: A guide to general conduct*. New York: Academic Press.

Ellis, C., & Bochner, A. P. (2000). Autoethnography, personal narrative, reflexivity: Researcher as subject. In N. Denzin & Y. Lincoln (Eds.), *The Sage handbook of qualitative research* (2nd ed., pp. 733-768). Thousand Oaks, CA: Sage.

Emerson, R. M., Fretz, R. I., & Shaw, L. L. (1995). *Writing ethnographic fieldnotes*. Chicago: University of Chicago Press.

Erickson, F. (1976). Gatekeeping encounters: A social selection process. In P. R. Sanday (Ed.), *Anthropology and the public interest: Fieldwork and theory*. New York: Academic Press.

Erickson, F., & Wilson, J. (1982). *Sights and sounds of life in schools: A resource guide to film and videotape for research and education*. East Lansing: Michigan State University, Institute for Research on Teaching of the College of Education.

Evans-Pritchard, E. E. (1940). *The Nuer: A description of the modes of livelihood and political institutions of a nilotic people*. New York: Oxford University Press.

Evans-Pritchard, E. E. (1951). *Social anthropology*. London: Cohen & West.

Fetterman, D.M. (1980). Ethnographic techniques in educational evaluation: An illustration. In A. Van Fleet (Ed.), Anthropology of education: Methods and applications [Special issue]. *Journal of Thought*, 15(3), 31-48.

Fetterman, D. M. (1981a). A new peril for the contract ethnographer.

Anthropology and Education Quarterly, 12(1), 71-80.

Fetterman, D.M. (1981b). Blaming the victim: The problem of evaluation design and federal involvement, and reinforcing world views in education. *Human Organization*, 40(1), 67-77.

Fetterman, D. M. (1981c). Protocol and publication: Ethical obligations. *Anthropology and Education Quarterly*, 12(1), 82-83.

Fetterman, D.M. (1982a). Ethnography in educational research: The dynamics of diffusion. *Educational Researcher*, 11(3), 17-29.

Fetterman, D. M. (1982b). Ibsen's baths: Reactivity and insensitivity. A misapplication of the treatment-control design in a national evaluation. *Educational Evaluation and Policy Analysis*, 4(3), 261-279.

Fetterman, D. M. (1983). Guilty knowledge, dirty hands, and other ethical dilemmas: The hazards of contract research. *Human Organization*, 42(3), 214-224.

Fetterman, D.M. (1984). *Ethnography in educational evaluation*. Beverly Hills, CA: Sage.

Fetterman, D.M. (1986a). A response to Adrianne Bank: The role of informed criticism in scholarly review. *Evaluation and Program Planning*, 9, 183-184.

Fetterman, D.M. (1986b). Beyond the status quo in ethnographic educational evaluation. In D. M. Fetterman & M. A. Pitman (Eds.), *Educational evaluation: Ethnography in theory, practice, and politics*. Beverly Hills, CA: Sage.

Fetterman, D. M. (1986c). [Review of the book *Ethnography and qualitative design in educational research*]. *American Anthropologist*, 88(3), 764-765.

Fetterman, D.M. (1986d). [Review of the book *The politics of education: Culture, power, and liberation*]. *American Anthropologist*, 88(1), 253-254.

Fetterman, D. M. (1986e). Conceptual crossroads: Methods and ethics in ethnographic evaluation. In D. D. Williams (Ed.), *Naturalistic evaluation* (New Directions for Program Evaluation 30). San Francisco: Jossey-Bass.

Fetterman, D.M. (1986f). Gifted and talented education: A national test case in Peoria. *Educational Evaluation and Policy Analysis*, 8(2), 155-166.

Fetterman, D.M. (1986g). Operational auditing: A cultural approach. *Internal Auditor*, 43(2), 48-54.

Fetterman, D.M. (1987a). Ethnographic educational evaluation. In G. D. Spindler (Ed.), *Interpretive ethnography of education: At home and abroad*. Hillsdale, NJ: Lawrence Erlbaum.

Fetterman, D.M. (1987b, November 18-22). *Multiple audiences reflect multiple realities*. Invited presentation at the 86th Annual Meeting of the American Anthropological Association, Chicago.

Fetterman, D. M. (1988a). *Excellence and equality: A qualitatively different perspective on gifted and talented education*. Albany: State University of New

York Press.

Fetterman, D.M. (1988b). *Qualitative approaches to evaluation in education: The silent scientific revolution*. New York: Praeger.

Fetterman, D. M. (1995, June). In response to Dr. Daniel Stufflebeam's: "Empowerment Evaluation, Objectivist Evaluation, and Evaluation Standards: Where the Future of Evaluation Should Not Go and Where It Needs to Go." *Evaluation Practice*, 16(2), 179-199.

Fetterman, D. M. (1996a). Ethnography in the virtual classroom. *Practicing Anthropology*, 18(3), 2, 36-39.

Fetterman, D.M. (1996b). Videoconferencing online: Enhancing communication over the Internet. *Educational Researcher*, 25(4), 23-27.

Fetterman, D.M. (1996c, June). [Book review]. *American Anthropologist*, 98 (2), 16-17.

Fetterman, D.M. (1997). Empowerment evaluation: A response to Patton and Scriven. *Evaluation Practice*, 18(3), 253-266.

Fetterman, D. M. (2001). *Foundations of empowerment evaluation*. Thousand Oaks, CA: Sage.

Fetterman, D. M. (2002). Review of qualitative research: A personal skills approach by Gary D. Shank. *Education Review*. Retrieved August 30, 2003, from http://coe. asu. edu/edrev/reviews/rev 184.htm.

Fetterman, D. M. (2004a). $ 15 million Hewlett-Packard digital village empowerment and ethnographic evaluation. *Anthropology Newsletter*, 45 (1), 71-78.

Fetterman, D.M. (2004b). Branching out or standing on a limb: Looking to our roots for insight. In M. Alkin (Ed.), *Evaluation roots: Tracing theorists' views and influences* (pp.304-318). Thousand Oaks, CA: Sage.

Fetterman, D.M. (2005, September). In response to Drs. Patton and Scriven. *American Journal of Evaluation* 26(3), 418-420.

Fetterman, D.M. (2008). [Review of book *Evaluation practice: How to do good evaluation research in work settings*]. *American Journal of Evaluation*, 29(4), 583-584.

Fetterman, D.M., Kaftarian, S. J., & Wandersman, A. (1996). *Empowerment evaluation: Knowledge and tools for self-assessment and accountability*. Thousand Oaks, CA: Sage.

Fetterman, D.M., & Pitman, M. A. (Eds.). (1986). *Educational evaluation: Ethnograhy in theory, practice, and politics*. Beverly Hills, CA: Sage.

Fetterman, D.M., & Wandersman, A. (2005). *Empowerment evaluation principles in practice*. New York: Guilford.

Fetterman, D. M., & Wandersman, A. (2007). Empowerment evaluation: Yesterday, today, and tomorrow. *American Journal of Evaluation*, 28 (2), 179-198.

Fink, A. (2008). *How to conduct surveys: A step by step guide*. Thousand Oaks, CA: Sage.

Fischer, M. D. (1994). *Applications in computing for social anthropologists*. London: Routledge.

Fletcher, C., & Rawlins, C. (2002). *The complete walker IV: The joys and techniques of hiking and back-packing*. New York: Knopf.

Flick, U. (2009). *An introduction to qualitative research*. Thousand Oaks, CA: Sage.

Flick, U., Kardorff, E., & Steinke, I. (2004). *A companion to qualitative research*. Thousand Oaks, CA: Sage.

Fowler, F.J. (2008). *Survey research methods* (4th ed.). Thousand Oaks, CA: Sage.

Fowler, F.J., & Cosenza, C. (2009). Design and evaluation of survey questions. In L. Bickman & D.J. Rog (Eds.), *The Sage handbook of applied social research methods* (pp.375-412). Thousand Oaks, CA: Sage.

Freilick, M. (Ed.). (1970). *Marginal natives: Anthropologists at work*. New York: Harper & Row.

Friese, S. (2006). Software and fieldwork. In D. Hobbs & R. Wright (Eds.), *The Sage handbook of fieldwork* (pp. 309-332). Thousand Oaks, CA: Sage.

Gamache, H. (1942). *The master book of candle burning or how to burn candles for every purpose*. Highland Falls, NY: Sheldon.

Garfinkel, H. (1967). *Studies in ethnomethodology*. Englewood Cliffs, NJ: Prentice Hall.

Geertz, C. (1957). Ritual and social change: A Javanese example. *American Anthropologist*, 59, 32-54.

Geertz, C. (1963). *Agricultural involution*. Berkeley: University of California Press.

Geertz, C. (1973). *The interpretation of cultures*. New York: Basic Books.

Glaser, B. (1992). *Basics of grounded theory analysis: Emergence vs. forcing*. Mill Valley, CA: Sociology Press.

Glaser, B., & Strauss, A.L. (1967). *The discovery of grounded theory: Strategies for qualitative research*. Chicago: Aldine.

Glass, S. (1997, January 6). Markets and myths: Autonomy in public and private schools. *Education Policy Analysis Archives*, 5(1). Retrieved May 15, 2009 from http://olam. ed.asu.edu/epaa/v5 n1. html.

Gluckman, M. (1968). The utility of the equilibrium model in the study of social change. *American Anthropologist*, 70(2), 219-237.

Goetz, J.P., & LeCompte, M. D. (1984). *Ethnography and qualitative design in edu cational research*. New York: Academic Press.

Graneheim, U.H., & Lundman, B. (2004). Qualitative content analysis in nursing research. Nursing Education Today, 24, 105, 112.

Groves, R. M., Biemer, P., Lyberg, L., Massey, J., Nicolls, W., Ⅱ, & Waksberg, J. (1988). *Telephone survey methodologies.* New York: John Wiley & Sons.

Gumperz, J. (1972). The speech community. In P. P. Giglioli (Ed.), *Language and social context.* Harmondsworth, UK: Penguin.

Guttman, L. (1944). A basis for scaling qualitative data. *American Sociological Review*, 9, 139-150.

Habermas, J. (1968). *Knowledge and human interests.* Boston: Beacon.

Hagburg, E. (1970). Validity of questionnaire data: Reported and observed attendance in an adult education program. In D. P. Forcese & S. Richer (Eds.), *Stages of social research: Contemporary perspectives.* Englewood Cliffs, NJ: Prentice Hall.

Hall, E.T. (1974). *Handbook for proxemic research.* Washington, DC: Society for the Anthropology of Visual Communication.

Hammersley, M., & Atkinson, P. (2007). *Ethnography: Principles in practice.* New York: Taylor & Francis e-Library.

Handwerker, W.P. (2001). *Quick ethnography.* New York: AltaMira Press.

Hardy, M. (2009). *Handbook of data analysis.* Thousand Oaks, CA: Sage.

Harris, M. (1968). *The rise of anthropological theory.* New York: Thomas Y. Crowell.

Harris, M. (1971). *Culture, man, and nature. New York*: Thomas Y. Crowell.

Hart, C.W. M., & Pilling, A. R. (1979). *The Tiwi of North Australia* [Fieldwork edition]. New York: Holt, Rinehart & Winston.

Heath, S.B. (1982). Questions at home and school. In G. Spindler (Ed.), *Doing the ethnography of schooling: Educational anthropology in action.* New York: Holt, Rinehart & Winston.

Heider, K.G. (2006). *Ethnographic film.* Austin: University of Texas Press.

Heller, J. (1972, July 26). Syphilis victims in U.S. study went untreated for 40 years: Syphilis victims got no therapy. *New York Times, Associated Press.* Retrieved December 4, 2008, from http://select. nytimes. com/gst/abstract. html? res = F40616 F6345A137B93C4AB178CD85F468785F9

Henry, G. (2009). Practical sampling. In L. Bickman & D. J. Rog (Eds.), *The Sage handbook of applied social research methods* (pp. 77-105). Thousand Oaks, CA: Sage.

Hinkel, E. (2005). *Handbook of research in second language teaching and learning.* London: Routledge (Taylor & Francis).

Hockings, P. (Ed.). (2003). *Principles of visual anthropology.* The Hague: Mouton de Gruyter.

Hopkins, K.D., & Glass, G.V. (1987). *Basic statistics for the behavioral sciences.* Englewood Cliffs, NJ: Prentice Hall.

Hopkins, K.D., Hopkins, B. R., & Glass, G.V. (1995). *Basic statistics for the behavioral sciences* (3rd ed.). Boston: Allyn & Bacon.

Horrobin, D. (2001, Feb.). Something rotten at the core of science? *Trends in Pharmacological Sciences*, 22(2).

Hostetler, J. A., & Huntington, G. E. (1971). *Children in Amish society: Socializing and community education.* New York: Holt, Rinehart & Winston.

Hostetler, J. A., & Huntington, G.E. (2002). *The Hutterites in North America.* Lafayette, LA: Cengage Learning.

Jacobs, J. (1974). *Funcity:An ethnographic study of a retirement community.* New York: Holt, Rinehart & Winston. (Reissued by Waveland Press)

Jacoby, R. (2000). *The last intellectuals: American culture in the age of academe.* New York: Basic Books.

Janesick, V. J. (1986). [Review of the book *Ethnography in educational evaluation*]. *American Journal of Education*, 555-558.

Jones, S.H. (2005). Autoethnography: Making the personal political. In N. Denzin & Y. Lincoln (Eds.), *The SAGE handbook of qualitative research* (3rd ed., pp. 763-792). Thousand Oaks, CA: Sage.

Kaplan, D., & Manners, R.A. (1972). *Culture theory.* Englewood Cliffs, NJ: Prentice Hall. (Reissued by Waveland Press)

Keiser, R.L. (1969). *The vice lords: Warriors of the street.* New York: Holt, Rinehart & Winston.

King, A. R. (1983). *The school at Mopass: A problem of identity.* New York: Irvington.

Klockars, C.B. (1977). Field ethics for the life history. In R.S. Weppner (Ed.), *Street ethnography: Selected studies of crime and drug use in natural settings.* Beverly Hills, CA: Sage.

Klockars, C.B. (1979). Dirty hands and deviant subjects. In C. B. Klockars & F. W. O'Connor (Eds.), *Deviance and decency: The ethics of research with human subjects.* Beverly Hills, CA: Sage.

Krippendorff, K. (2004). *Content analysis: An introduction to its methodology* (2nd ed.). Thousand Oaks, CA: Sage.

Lareau, A. (1987). Teaching qualitative methods: The role of classroom activities. In D. M. Fetterman (Ed.), Perennial issues in qualitative research [Special issue]. *Education and Urban Society*, 20(1), 86-120.

Lavrakas, P.J. (1993). *Telephone survey methods.* Newbury Park, CA: Sage.

Lavrakas, P. J. (2009). Methods for sampling and interviewing in telephone surveys. In L. Bickman & D. J. Rog (Eds.), *The Sage handbook of applied social research methods* (pp.509-542). Thousand Oaks, CA: Sage.

Lee-Treweek, G. (2000). The insight of emotional danger. In G. Lee-Treweek & S. Linkogle (Eds.), *Danger in the field: Risk and ethics in social research* (pp. 114-131). London: Routledge.

Levine, H.G. (1985). Principles of data storage and retrieval for use in qualitative evaluations. *Educational Evaluation and Policy Analysis*, 7(2), 169-186.

Lewins, A., & Silver, C. (2007). *Using software in qualitative research: A step by step guide*. Thousand Oaks, CA: Sage.

Lewis, E. D. (2004). *Timothy Asch and ethnographic film* (Studies in Visual Culture). London: Routledge.

Lieblich, A., Tuval-Mashiach, R., & Zilber, T. (1998). *Narrative research: Reading, analysis and interpretation*. Newbury Park, CA: Sage.

Madison, S. D. (2005). *Critical ethnography: Method, ethics, and performance*. Thousand Oaks, CA: Sage.

Marcus, G. (1998). *Ethnography: Through thick and thin*. Princeton, NJ: Princeton University Press.

Mark, M., & Reichardt, C.S. (2009). Quasi-experimentation. In L. Bickman & D.J. Rog (Eds.), *The Sage handbook of applied social research methods* (pp. 182-213). Thousand Oaks, CA: Sage.

Masten, D., & Plowman, T. (2003). Digital ethnography: The next wave in understanding the consumer experience. *Design Management Journal*. Retrieved April 8, 2008, from http://findarticles.com/p/articles/mi_qa4001/is_200304/ai_n9199413.

Maxwell, J. A., Bashook, P. G., & Sandlow, L. J. (1986). Combining ethnographic and experimental methods in educational evaluation: A case study. In D. M. Fetterman & M. A. Pitman (Eds.), *Educational evaluation: Ethnography in theory, practice, and politics*. Beverly Hills, CA: Sage.

McCall, G.J. (2006). The fieldwork tradition. In D. Hobbs & R. Wright (Eds.), *The Sage handbook of fieldwork* (pp.3-22). Thousand Oaks, CA: Sage.

McCurdy, D.W., Spradley, J. P., & Shandy, D. (2004). *The cultural experience: Ethnography in complex society*. New York: Waveland Press.

McDermott, R.P. (1974). Achieving school failure: An anthropological approach to illiteracy and social stratification. In G. D. Spindler (Ed.), *Education and cultural process: Toward an anthropology of education*. New York: Holt, Rinehart & Winston.

McFee, M. (1972). *Modern Blackfeet: Montanans on a reservation*. New York: Holt, Rinehart & Winston. (Reissued by Waveland Press)

Mehan, H. (1987). Language and schooling. In G.D. Spindler (Ed.), *Interpretive ethnography of education: At home and abroad*. Hillsdale, NJ: Lawrence Erlbaum.

Mehan, H., & Wood, H. (1975). *The reality of ethnomethodology*. New York: John Wiley.

Miles, M.B., & Huberman, A.M. (1994). *Qualitative data analysis: A sourcebook of new methods*. Thousand Oaks, CA: Sage.

Mills, C. (1959). *The sociological imagination*. New York: Oxford University Press.

Murphy, M. F., & Margolis, M.L. (1995). *Science, materialism and the study of culture*. Gainesville: University Press of Florida.

Neuendorf, K. A. (2002). *The content analysis guidebook*. Thousand Oaks, CA: Sage.

Ogbu, J. U. (1978). *Minority education and caste: The American system in crosscultural perspective*. New York: Academic Press.

O'Reilly, K. (2005). *Ethnographic methods*. London: Routledge.

O'Reilly, K. (2008). *Key concepts in ethnography*. Thousand Oaks, CA: Sage.

Osgood, C. (1964). Semantic differential technique in the comparative study of cultures. In A. K. Romney & R.G. D'Andrade (Eds.), Transcultural studies in cognition [Special issue].*American Anthropologist*, 66.

Pak-tao Ng, P. (2003).*Effective writing: A guide for social science students*. Hong Kong: The Chinese University of Hong Kong.

Patton, M. (1997). Toward distinguishing empowerment evaluation and placing it in a larger context. *American Journal of Evaluation* 18(1), 147-163.

Patton, M. (2005). Toward distinguishing empowerment evaluation and placing it in a larger context: Take two. [Review of *Empowerment Evaluation Principles in Practice*]. *American Journal of Evaluation*, 26, 408-414.

Patton, M. Q. (2001). *Qualitative research and evaluation methods*. Thousand Oaks, CA: Sage.

Pelto, P.J. (1970). *Anthropological research: The structure of inquiry*. New York: Harper & Row.

Pelto, P.J., & Pelto, G.H. (1978). *Anthropological research: The structure of inquiry* (2nd ed.). Cambridge, UK: Cambridge University Press.

Phelan, P. (1987). Compatibility of qualitative and quantitative methods: Studying child sexual abuse in America. In D. M. Fetterman (Ed.), Perennial issues in qualitative research [Special issue]. *Education and Urban Society*, 20 (1), 35-41.

Pink, S. (2006). *Doing visual ethnography*. Thousand Oaks, CA: Sage.

Pi-Sunyer, O., & Salzmann, Z. (1978). *Humanity and culture: An introduction to antropology*. Boston: Houghton Mifflin.

Pitman, M. A., & Dobbert, M. L. (1986). The use of explicit anthropological theory in educational evaluation: A case study. In D. M. Fetterman & M. A. Pitman (Eds.), *Educational evaluation: Ethnography in theory, practice, and politics*. Beverly Hills, CA: Sage.

Podolefsky, A., & McCarthy, C. (1983). Topical sorting: A technique for computer assisted qualitative data analysis. *American Anthropologist*, 85, 886-890.

Polsky, N. (1998). *Hustlers, beats, and others*. New York: Lyons Press.

Powdermaker, H. (1966). *Stranger and friend: The way of an anthropologist*. New York: Norton.

Powell, W.W. (1988). *Getting into print: The decision-making process in scholarly publishing.* Chicago: University of Chicago Press.

Psathas, G. (1994). *Conversation analysis: The study of talk-in-interaction.* Thousand Oaks, CA: Sage.

Punch, M. (1994). Politics and ethics in qualitative research. In N. K. Denzin & Y. S. Lincoln (Eds.), *The Sage handbook of qualitative research* (pp.83-97). Thousand Oaks, CA: Sage.

Radcliffe-Brown, A. R. (1952). *Structure and function in primitive society.* New York: Free Press.

Reed-Danahay, D.E. (1997). Introduction. In D. E. Reed-Danahay (Ed.), *Auto/ ethnography: Rewriting the self and the social* (pp.1-17) Oxford, UK: Berg.

Reynolds, P. D. (1979). *Ethical dilemmas and social science research.* San Francisco: Jossey-Bass.

Riddell, S. (1989). Exploiting the exploited? The ethics of feminist educational research. In R.G. Burgess (Ed.), *The ethics of educational research* (pp.77-99). London: Falmer Press.

Rist, R. (1981). Shadow versus substance: A reply to David Fetterman. *Anthropology and Education Quarterly*, 12(1), 81-82.

Ritter, L., & Sue, V. M. (2007). Conducting the survey. *New Directions for Evaluation*, 115, 47-50.

Roberts, C., Byram, M., Barro, A., Jordan, S., & Street, B. (2001). *Language learners as ethnographers.* Clevedon, England: Multilingual Matters and Channel View.

Roberts, C.W. (Ed.). (1997). *Text analysis for the social sciences: Methods for drawing inferences from texts and transcripts.* Mahwah, NJ: Lawrence Erlbaum.

Robinson, H. (1994). *The ethnography of empowerment: The transformative power of classroom interaction.* London: Falmer Press.

Roper, J.M., & Shapira, J. (2000). *Ethnography in nursing research.* Thousand Oaks, CA: Sage.

Rosenfeld, G. (1971). *"Shut those thick lips!": A study of slum school failure.* New York: Holt, Rinehart & Winston. (Reissued by Waveland Press)

Ross, E. (Ed.). (1980). *Beyond the myths of culture: Essays in cultural materialism.* New York: Academic Press.

Rouch, J., & Feld, S. (2003). *Cine ethnography:* Minneapolis: University of Minnesota Press.

Rynkiewich, M. A., & Spradley, J. P. (1976). *Ethics and anthropology: Dilemmas in fieldwork.* New York: John Wiley.

Schensul, J., LeCompte, S., & Schensul, S. (1999). *Essential ethnographic methods: Observations, interviews, and questions.* New York: AltaMira Press.

Schwandt, T.A., & Halpern, E. S. (1988). *Linking auditing and metaevaluation.* Newbury Park, CA: Sage.

Schwimmer, B. (1996). Review and evaluation of anthropology on the Internet. *Current Anthropology*, 37(3), 561.

Scriven, M. (1997). Empowerment evaluation examined. *Evaluation Practice*, 18 (2), 165-175.

Scriven, M. (2005). Review of empowerment evaluation principles in practice. *American Journal of Evaluation*, 26, 415-417.

Shavelson, R.J. (1996). *Statistical reasoning for the behavioral sciences* (3rd ed.). Boston: Allyn & Bacon.

Shultz, J., & Florio, S. (1979). Stop and freeze: The negotiation of social and physical space in a kindergarten/first grade classroom. *Anthropology and Education Quarterly*, 10, 166-181.

Sieber, J.E. (2009). Planning ethically responsible research. In L. Bickman & D. J. Rog (Eds.), *The Sage handbook of applied social research methods* (pp. 106-146). Thousand Oaks, CA: Sage.

Simon, E.L. (1986). Theory in educational evaluation: Or, what's wrong with generic brand anthropology. In D. M. Fetterman & M. A. Pitman (Eds.), *Educational evaluation: Ethnography in theory, practice, and politics*. Beverly Hills, CA: Sage.

Spindler, G. (1955). *Sociocultural and psychological processes in Menomini acculturation* (Publications in Culture and Society, No. 5). Berkeley: University of California Press.

Spindler, G., & Goldschmidt, W. R. (1952). Experimental design in the study of culture change. *Southwestern Journal of Anthropology*, 8, 68-83.

Spindler, G.D. (1983). *Being an anthropologist: Fieldwork in eleven cultures*. New York: Irving.

Spindler, G.D., & Spindler, L. (1958). Male and female adaptations in culture change. *American Anthropologist*, 60, 217-233.

Spindler, L. (1962). Menomini women and culture change. *American Anthropological Association Memoir*, 91.

Spradley, J. P. (1970). *You owe yourself a drunk: An ethnography of urban nomads*. Boston: Little, Brown.

Spradley, J.P. (1979). *The ethnographic interview*. New York: Holt, Rinehart & Winston.

Spradley, J. P. (1980). *Participant observation*. New York: Holt, Rinehart & Winston.

Spradley, J.P.,& McCurdy, D.W. (1989). *Anthropology: The cultural perspective*. New York: Waveland Press.

Sproull, L.S., & Sproull, R.E (1982). Managing and analyzing behavior records: Explorations in nonnumeric data analysis. *Human Organization*, 41, 283-290.

Stemler, S. (2001). An overview of content analysis. *Practical Assessment, Research & Evaluation*, 7 (17). Retrieved May 27, 2009, from http://

PAREonline.net/getvn .asp? v = 7&n = 17.

Steward, J.H. (1973). *Theory of culture change: The methodology of multilinear evolution*. Chicago: University of Illinois Press.

Strauss, C., & Quinn, N. (Eds.). (1997). *A cognitive theory of cultural meaning*. Cambridge: Cambridge University Press.

Strunk, W., & White, E. B. (2000). *The elements of style*. New York: Allyn & Bacon.

Studstill, J. D. (1986). Attribution in Zairian secondary schools: Ethnographic evaluation and sociocultural systems. In D. M. Fetterman & M. A. Pitman (Eds.), *Educational evaluation: Ethnography in theory, practice, and politics*. Beverly Hills, CA: Sage.

Stufflebeam, D. (1995, June) Empowerment evaluation, objectivist evaluation, and evaluation standards: Where the future of evaluation should not go and where it needs to go. *Evaluation Practice*, 16(2), 179-199.

Swatos, W. (Ed.). (1998). *Encyclopedia of religion and society* (p. 505). Lanham, MD: AltaMira Press.

Taylor, S.J., & Bogdan, R. (1988). *Introduction to qualitative research methods: The search for meanings*. New York: John Wiley & Sons.

Tax, S. (1958). The Fox project. *Human Organization*, 17, 17-19.

Titscher, S. (2000). *Methods of text and discourse analysis*. Thousand Oaks, CA: Sage.

Tonkinson, R. (1974). *The Jigalong Mob: Aboriginal victors of the desert crusade*. Menlo Park, CA: Cummings.

Trochim, W. (2006a). *Guttman scale. Research methods knowledge base*. Retrieved April 8, 2008, from www. socialresearchmethods.net/kb/scalgutt.htm.

Trochim, W. (2006b). *T-test: Research methods knowledge base*. Retrieved April 8, 2008, from www. socialresearchmethods.net/kb/stat_t.htm.

Van Maanen, J. (1988). *Tales of the field: On writing ethnography*. Chicago: University of Chicago Press.

Van Til, W. (1985). *Writing for professional publication*. Newton, MA: Allyn & Bacon.

Vogt, E. (1960). On the concepts of structure and process in cultural anthropology. *American Anthropologist*, 62(1), 18-33.

Weaver, T. (1973). *To see ourselves: Anthropology and modern social issues*. Glenview, IL: Scott, Foresman.

Webb, E. J., Campbell, D. T., Schwartz, R. D., & Sechrest, L. (2000). *Unobtrusive measures* (2nd ed.). Chicago: Rand McNally.

Weindling, P.J. (2005). *Nazi medicine and the Nuremberg trials: From medical war crimes to informed consent*. New York: Palgrave Macmillan.

Weisner, T., Ryan, G., Reese, L., Kroesen, K., Bernheimer, L., & Gallimore, R. (2001). Behavior sampling and ethnography: Complementary methods for understanding home-school connections among Latino immigrant families. *Field Methods*, 13(2), 20-46. Retrieved April 8, 2008, from http://fmx.sagepub. com/cgi/content/abstract/13/1/20

Weitzman, E. A., & Miles, M. B. (1995). *A software sourcebook: Computer programs for qualitative data analysis*. Thousand Oaks, CA: Sage.

Werner, O., & Schoepfle, G.M. (1987a). *Systematic fieldwork* (Vol.1). Newbury Park, CA: Sage.

Werner, O., & Schoepfle, G.M. (1987b). *Systematic fieldwork*(Vol.2). Newbury Park, CA: Sage.

Whyte, W.F. (1993). *Street corner society: The social structure of an Italian slum*. Chicago: University of Chicago Press. (Work originally published 1955)

Wolcott, H. F. (1975). Criteria for an ethnographic approach to research in schools. *Human Organization*, 34, 111-127.

Wolcott, H.F. (1980). How to look like an anthropologist without really being one. *Practicing Anthropology*, 3(2), 39.

Wolcott, H.F. (1982). Mirrors, models, and monitors: Educator adaptations of the ethnographic innovation. In G.D. Spindler (Ed.), *Doing the ethnography of schooling: Educational anthropology in action*. New York: Holt, Rinehart & Winston.

Wolcott, H.F. (2003). *The man in the principal's office:An ethnography*. Lanham, MD: Rowman Altamira.

Wolcott, H.F. (2008a). *Ethnography: A way of seeing*. New York: Rowman & Littlefield.

Wolcott, H. F. (2008b). *Writing up qualitative research*. Thousand Oaks, CA: Sage.

Wolf, A. (1970). Childhood association and sexual attraction: A further test of the Westermarck hypothesis. *American Anthropology*, 72, 503-515.

Yin, R. K. (2008). *Case study research:Design and methods*. Thousand Oaks, CA: Sage.

索 引

A

B

E

F

G

H

I

N

纳粹分子,141,144,146
新马克思主义,6
名义尺度,105
价值无涉的定位,23-24
非参与式观察,39

记笔记,69-70
护理研究,46
护士制服的研究,10
NVivo 软件,75,77,98

O

办公室的生活,分析,101
在线期刊,122-123
在线调查,57,58(图)
在线调查,84-85,86(图)
开放式问题,46

操作主义,31-32
顺序量表,105-106
组织架构图,103
显眼的事物,61-63

P

参数统计,106-107,108
参与观察,37-40,100-101
分析模式,97-99
PDA(智能手机),55,57,71-72
同行评审,130n1-131n1
佩尔图,P. J.,7-8
笔和纸,69-70
表演式写作,114
许可。参阅"知情同意"章节内容
智能手机(PDA),55,57,71-72
斐连,P.,4
现象学范式,5
作为投射技术的图片,60 也请参阅

"照相机"章节内容
  政治宣传,14N2
  高等教育机构研究,95-97
  后结构主义认识论,5
  鲍得尔梅克,H.,37,117
  问题,选择,3,140
  投射技术,59-60
  报告,研究,8,115-116,141
  协议,访谈,46-47
  空间关系学,30,64-65
  笔名,146-147
  精神分析理论,6
  "推",108

Q

定性方法,104
定量方法,104
问卷调查,56-58
  信誉,57
  方法论问题,57,59
  在线,57,58(图)
随机区组设计,36
排序,60
互惠,147-148
参考期刊,122

可靠性,36,87,97-99,106
高等教育科研研究,110-112
研究设计
  定义,7-8 也请参阅"田野调查"
章节内容
学术性图书馆馆员研究,8
研究的生命周期,伦理问题,140-150
  田野调查,142-149
  机构审查委员会,141-142
  问题,140

本书相关中文读物

书名	主要作者	主要译者
The Coding Manual for Qualitative Researchers 质性研究编码手册	Johnny Saldana	刘颖 卫垌圻
The SAGE Handbook of Qualitative Research, 4e 1-质性研究手册:方法论基础	Norman Denzin	朱志勇
The SAGE Handbook of Qualitative Research, 4e 2-质性研究手册:研究策略与艺术	Norman Denzin	朱志勇
The SAGE Handbook of Qualitative Research, 4e 3-质性研究手册:资料收集与分析方法	Norman Denzin	朱志勇
The SAGE Handbook of Qualitative Research, 4e 4-质性研究手册:解释、评估与呈现及质性研究的未来	Norman Denzin	朱志勇
How to do Discourse Analysis: *A Toolkit* 2e 话语分析:实用工具及练习指导	James Paul Gee	何清顺
An Introduction to Discourse Analysis: *Theory and Method* 4e 话语分析导论:理论与方法(原书第 4 版)	James Paul Gee	何清顺
Qualitative Research Design: *An Interactive Approach* 3e 互动取向的质性研究设计:原理、示例和练习	Joseph A. Maxwell	朱光明
Phenomenological Research Methods 现象学研究方法:原理、步骤和范例	Clark Moustakas	刘强
Quantitative Ethnogrphy 量化民族志:一种面向大数据的研究方法	David Williamson Shaffer	吴忭
Think Through Methods: *A Social Science Primer* 领悟方法:社会科学研究中的方法误用及解决之道	John Levi Martin	高勇
Read Me First: *for a User's Guide to Qualitative Methods* 做质性研究,先读我	Lyn Richards Janice Morse	胡菡菡 汪玮